キッチンカーで20年
売れ続ける秘密

幸せ
メロンパン
起業

阪田紫帆里

信長出版

カラフルな軽トラックやライトバンに調理機材を積みこみ、作りたてのメニューをその場で提供するキッチンカー。

イベント会場やオフィス街、スーパーマーケットやショッピングモール、駅など、いろんな場所で目にすることが多くなりました。

「キッチンカーをやろうかなーと思って」「キッチンカーに興味があって」と多くの声。

「キッチンカーのことなら、私に聞いてください！（笑）」

このセリフ、この1年ほどの間に何回も言いました（笑）。

はじめまして。

こんにちは。私は、阪《さか》田《た》紫《し》帆里《ほり》と申します。

2003年に、「幸せのメロンパンHAPPyHAPPy」（以下「幸せのメロンパン」）でキッチンカービジネスに参入して、20年になります。

おかげさまで20年近く経った今も繁盛店。感謝感謝です。


コロナ禍を経て、世界は大きく変化しました。

デリバリーがあたりまえになり、店舗で「お客さんを待っている」だけでなく、人が集まる場所に自ら出向くことができる身軽なキッチンカーは、これからも生き残っていけるのではないかと多くの人が考え始めているようです。


キッチンカーはとても面白いツールです。食品の移動販売という価値だけでなく、たくさんの付加価値があります。

私たちも、メロンパンを製造して売っているだけでなく、メロンパンを買う時間が、日常生活の気分転換になるような、最高に楽しいキッチンカーの空間や瞬間を創造して提供しています。

キッチンカーの存在は、来るのを楽しみに待ってもらえる「動くエンターテインメント」であり、もはや「食と幸せと喜び」を全国に届けるという社会貢献でもあると思っています。

とはいえ、ですね。実際起業されても、数年も経たないうちに廃業される方も多いのが実状です。

事実、まわりを見渡しても、20年続いているキッチンカーは、私たちを含め数えるほどしかありません。

これほどまでに広く関心を持たれながら、キッチンカー関連の書籍は、「どうしたら開業できるか」という開業までの流れを紹介したものがほとんどでした。

本書では、「これからの時代に生き残っていけるキッチンカーについて」「キッチンカーを運営し続けるには何をどうすればいいのか」を「幸せのメロンパン」を舞台に詳しく説明しています。

面白くて奥深い「幸せのメロンパン」「キッチンカー」の世界を、どうぞお楽しみください。

目次

第1章 「幸せのメロンパン」はこんなキッチンカー！

第2章

キッチンカー起業を目指すなら知っておきたいこと

第3章

なぜ20年も「幸せのメロンパン」を売り続けられたのか？

第4章

これからの時代を生き残れるキッチンカー

第5章

行列ができ続けるエンターテインメント接客術

第1章

「幸せのメロンパン」はこんなキッチンカー！

追いかけてもらえるキッチンカー

キッチンカーは、多くの人にとっては、「たまたまそこにいただけ」の存在かもしれません。

たとえば、キッチンカーでよく唐揚げを買っていたとします。ある日突然、そのキッチンカーがいなくなっても、「残念だな」とは思っても、唐揚げが食べたいときはコンビニかどこか、近くの別のお店を探すようになると思います。

イベント会場で食べたキッチンカーのカレーのことを「美味しかった！」とSNSでつぶやいても、翌日にはそのお店の名前を忘れていたり。

「家から1時間かけてきました」

「幸せのメロンパン」の出店スケジュールをツイッターで告知すると、遠くから何人ものお客さんが足を運んでくださいます。「10年前から追いかけているメロンパン!」「15年前から追っかけてます!」と、SNSに投稿してくださる方もいて、「子どものころに食べた味が忘れられなくて、ずっと探していました」というお声も多いです。

たまたま車を見かけて来店されるお客さんがいる一方で、「幸せのメロンパン」は、「追いかけてもらえるキッチンカー」でもあるのです。

夏のプールサイドに出店したときのこと。初めて私たちのメロンパンを食べたお客さんが、翌日からメロンパンを買うためだけにプールに通われるようになりました。キッチンカーの前には長い行列ができましたが、みなさん、水の中には入らないんです(笑)。

ハワイに住む方から、「こっちで出店できないか?」とお誘いを受けたこともあります。「高校生のときに食べていたメロンパンが忘れられない」と熱いラブコールをいただきました（笑）。

「子どものころに大好きだったから」と、親子二代で買いに来られるママさんも多いです。「幸せのメロンパン」との再会に歓喜される方はあとを絶ちません。

このようなキッチンカーは、ほかに例がないと思います。

食感が衝撃的に違うメロンパン

「幸せのメロンパン」が、たくさんの人たちを惹きつけるのには、いくつかの要因があると思います。

お客さんを楽しませるための「エンターテインメント接客術」（第5章参照）もそうですし、商品のネーミングやディスプレイの工夫なども挙げられます。

そして、なんと言っても、ほかでは味わえないメロンパンの美味しさです。

初めて食べた方は、「感動するほどの味」「味わったことのない衝撃的な食感」などなど、「美味しい」以上の言葉で表現されます。

「メロンパンの常識を覆す味」と絶賛される方も多いです。

「幸せのメロンパン」を創業するにあたり、1万個以上のメロンパンを食べ歩きました。そして、試行錯誤し、従来のメロンパンの定義を覆すような、ひと口食べたら誰もが幸せになれる味を完成させせました。

そこまで言われると「いったいどんな味？」と気になってきませんか？

焼きたてをひと口頬張っただけで、真っ暗だった空が一転、コバルトブルーに変わるような……。言葉で表現するのは難しいのですが、こんなイメージの幸福感を生み出す味を目指しました。

企業秘密を少しだけ明かすと、ほかのメロンパンとの大きな違いは、表面を覆うクッキー生地にあります。

メロンパンの名前の由来には諸説ありますが、一説では外側のクッキー生地にメロンのような格子模様がついていることが多いため、そう呼ばれているといいます。

一般的なメロンパンは、中のパン生地部分はふわふわで、外側のクッキー生地がカリカリとしています。このカリカリの食感を生み出すために、焼きたてではなく、ある程度冷ましてからお客さんに提供しています。

「幸せのメロンパン」のメロンパンは、表面のクッキー生地の厚みがわずか1ミリと、一般的なメロンパンに比べてかなり薄くなっています。

そのため、焼きたてで召し上がっていただくと、「サクッ」と軽くとろけるような食感で、ひと口かじると「サクッ」の「クッ」となる前に、中のパン生地の「ふわっ」がやって来て「クッふあ」となります。

今まで味わったことのない「衝撃的な食感」と言われるのは、外からは見えない部分に、こういったこだわりが隠されているからなのです。

「何分後に食べますか？」と尋ねる理由

「幸せのメロンパン」では、お客さんに必ず、「何分後に召し上がりますか？」と尋ねます。

すぐその場で食べるのなら、絶対に焼きたての熱々を味わっていただきたいからです。

お持ち帰りをされる方には、しっかりと冷ましたものをお渡しします。焼きたてをお渡しすると袋の中に蒸気がこもり、生地がやわらかくなってぺしゃんこになるからです。

私たちの可愛いメロンパンを、ベストな状態で、もっとも美味しく食べていただきます。

でも、ひと口でもいいので、まずは焼きたてを食べていただきたい！

「お土産なので」「今、食べないから」と言われる方に、「1個だけでも、熱々にしませんか？」「そこの物陰で、ひと口かじってみてください」とご提案したりします。

なぜなら、焼きたてには、冷ましたメロンパンでは味わえない、特別な美味しさがあるからです。

だから「幸せのメロンパン」のキッチンカーには、「即食べ」（すぐに食べる）と「お土産」（あとで食べる）、それぞれの違いを説明したポップを常備しています。

こうしたやりとりを、「効率的でない」「時間のムダ」と捉える人もいるかもしれません。

それでも、あえて私たちが、おひとりおひとりに、「何分後に召し上がりますか？」と尋ねるのは、たとえ一瞬でも、メロンパンを買ってくださるお客さんとの時間を大切にしたいからです。

直接、声をかけさせていただくことで、私たちの可愛いメロンパンへの〝想い〟も、一緒にお渡しすることができるのです。

手間暇かけて丁寧に焼き上げる

パンをふわふわに焼き上げるための工程で、もっとも重要なのが「発酵」です。イースト（パン酵母）が、小麦粉などに含まれる糖分を分解して炭酸ガスを発生させ、その発生したガスがパンを膨らませることで、あのふわふわの食感が生まれます。

発酵が十分でないとパンの生地が膨らまず、粘土のようなべったりとした食感になってしまいます。

一方、発酵した状態で時間をおくと、ゆるんで弾力がなくなったり、膨らみすぎて表面がデコボコになったりします。中がパサパサになり、冷えるとすぐに硬くなります。

そのため、生地の状態を見極めながら、ベストなタイミングで焼く必要があります。

「幸せのメロンパン」では、常に焼きたてのメロンパンをスタンバイさせています。みなさんに、焼き上がったばかりの、一番美味しいメロンパンを食べていただきたいからです。

いつでも焼きたてを提供できるよう、キッチンカーの中では、生地を順に発酵させて、メロンパンを焼き続けています。

コロッケや唐揚げであれば、冷凍した食材をキッチンカーに積んでおき、注文から数分で揚げたてを提供することができるでしょう。

「幸せのメロンパン」は、パン生地が発酵するまで2時間ほどかかります。もし、何も準備ができていなかったら、楽しみに買いに来てくださったお客さんに、「2時間後に、また来てください」とお伝えすることになってしまいます。

スタッフは、その日の天気や気温などから生地を発酵させる時間を決め、出店する場所やまわりの環境からお客さんの出足を予測します。発酵が完了する2時間後に、どのくらいの量の生地を用意しておけばいいのか、常に調整しているんです。

オーブンで生地を焼く時間は5〜10分ですが、その前に、あれこれと手間をかけているのが「幸せのメロンパン」なのです。

メロンパンは可愛い「ウチの子」

一般的なベーカリーで売られているパンは、温度管理がしっかりとなされた室内で、計画的に生地を発酵させています。

ところが、「幸せのメロンパン」はキッチンカーの中で発酵作業を行うため、外気の影響を受けやすく、夏場は暑くて発酵しやすくなり、逆に冬になると発酵しづらくなります。生地の様子を気にかけながら、愛情を持って、ベストコンディションへと仕上げていきます。

しかも、メロンパンを販売しながらです。

「手がかかる子ほど可愛い」という言葉があります。

「幸せのメロンパン」は、私たちにとって、まさに手がかかる子どもなのです。決まった時間生地を寝かせておけば、自然と美味しくなる……とはいきません。スタッフひとりひとり、気持ちを込めて、丁寧に手をかけてあげているからこそ、ひと口かじったときに、食べた人が幸せになれるメロンパンが完成するのです。

「幸せのメロンパン」のスタッフは、女性だけでなく男性も、「ウチの子」とか「可愛い！」など、メロンパンを擬人化するのがあたりまえになっています。

私も、新人スタッフに、「メロンパンが泣いてるけど、声聞こえない？」などと言って、驚かれることがよくあります（笑）。

でも、そのうち新人スタッフたちも慣れてきて、

「だんだんメロンパンの声が聞こえるようになってきました！」とうれしそうに報告してくれます。

一度にたくさんの種類は売らない

「幸せのメロンパン」のメロンパンはいろんなバリエーションがあります。

定番のベーシックなメロンパンが「幸せのメロンパン バター味」。もう一つ、人気の定番が、パンの裏までチョコチップがついている「チョコチップまみれメロンパン」です。

ほかにも、「あんパンメロンパン」、「塩バターメロンパン」、「ミルクティメロンパン」、「チョコジャムメロンパン」、「いちごいちごメロンパン」、「ざらめメロンパン」など、メロンパンは全部で20種類あります。

メロンパンをラスクにした「まるごとラスク」。メロンパンにクリームをはさんだ「クリームサンドメロンパン」もロングセラー商品です。

毎日、このすべての種類をキッチンカーで販売しているわけではありません。メロンパンは1日3種類と決めて、定番の「幸せのメロンパン バター味」「チョコチップまみれメロンパン」に、もう1種類を限定商品として用意しています。「まるごとラスク」は常時8〜10種類。「クリームサンドメロンパン」は「プレーン」「チョコレート」「キャラメル」の3種が基本の味で、限定としてもう1種類です。

「どうしても、全種類、食べてみたい」「キッチンカーが来るのを待ちきれない」という方には、埼玉県さいたま市にある、「HAPPyHAPPyメロンパン秘密基地本店」をご案内しています。ここでは、すべての種類を販売しています（ただし、営業は週に2日ほどとなっています）。

一般的なビジネスでは、「たくさんの種類を売ったほうが、儲かるんじゃない？」といった考え方が主流かもしれません。

でも、「幸せのメロンパン」の場合は、一度にたくさんの種類を販売しないことで、「20種類、全部制覇したい！」とファンの方々が足繁く通ってくださるのです。「いつも同じ」と飽きられることがありません。

ひとりひとりが「セールスエンターテイナー」

「幸せのメロンパン」は、ほんとうによくお客さんからメールをいただきます。

「今日、ヘコんでいたんだけど、めっちゃ元気もらいました」

「感動しました、また会いたいです。ぜひまた来てくださいね」

「ほんとうに、名前のとおり〝幸せ〟のメロンパンですね」

受け取ったこちらまで幸せになるメッセージが並びます。

1個250円ほどのメロンパンで、たくさんの方々にこんなに喜んでいただけるのです。


私たちは、キッチンカーを単なる移動販売の手段ではなく、「動くエンターテインメント」と捉えています。

お客さんに「すごく幸せ！」と感じていただけるよう、その一瞬のために、キッチンカーでメロンパンを売りに行くのです。

だから、スタッフはひとりひとりが「セールスエンターテイナー」なのです。

エンターテインメントは、なにも映画や音楽のような大がかりなものとは限りません。

日々の暮らしの中で、クスッとしたりホッと心が和んだり、楽しい気分になれるものは、すべてエンターテインメントだと私は思っています。

「幸せのメロンパン」のスタッフはセールスエンターテイナー、キッチンカーはハレの舞台です。

セールスエンターテイナーとして、常に心がけていることの一つが言葉遣いです。

たとえば、焼きたてのメロンパンが売り切れたタイミングで、お客さんが来店されたとします。次の焼き上がりまで5分ほど、お待ちいただかないといけません。

そんなときは、「あと5分で焼き上がるのでお待ちいただけますか？」ではなく、「やりましたね、あと5分で焼き上がりです！」とお伝えします。

あなたがお客さんの立場なら、どう感じるでしょう。

「やった！　焼きたてが食べられる。自分はついているな」と思いませんか（笑）。

表現をちょっと変えるだけで、同じ内容でも、受け取り手の印象は大きく変わります。

こうした、私たち独自の「行列ができ続けるエンターテインメント接客術」については、第5章で詳しくお話ししますね。

言葉遣いと一緒に意識しているのが、ライブ感です。

「メロンパン、焼き上がりました！」「焼き上がりました！」と、私たちは大きく声に出してアピールをします。

すると、それを耳にした人たちは、「焼きたてなら、ちょっと寄ってみようか」となるのです。

デリバリーやテイクアウトとは異なり、「その場で作りたてをお渡しする」というライブ感こそ、キッチンカーの大きなセールスポイントです。

その特徴を活かして、メロンパンが焼き上がるたびに大きな声でお知らせしているのです。

さらに、キッチンカーは、「いつもはいない」という希少性が、よりエンターテインメントとしての魅力をアップさせています。

街に年に数日だけやってくる、サーカス団やミュージカルの舞台を待ちわびる感覚に近いです。

「毎週火曜日のメロンパン」「毎週金曜日のメロンパン」など、非日常のイベントとして記憶していただくことで、エンタメ性が高まるのです。

1日に160万円売り上げたことも

キッチンカーに興味のある方が、まず知りたいのは、「いったいどのくらいの売り上げがあるの？」ということではないでしょうか。

1台で、少ないキッチンカーで平均月商30万～40万円、多いキッチンカーで80万～100万円とされ、月商100万円を一つの目標にされている方が多いようです。

ただし、売り上げがすべて自分のものになるわけではなく、

- **出店料**
- **原材料費**
- **車のローン**

・ガソリン代
・包装などの備品や消耗品

など、経費は当然かかります。

「幸せのメロンパン」の場合、平均すると、キッチンカー1台で1カ月200万～500万円です。1年では2400万～6000万円を売り上げています。

この数字をお伝えすると、たいていの方はとても驚かれます。1個250円ほどのメロンパンが、客単価800円ほどの丼ものやお弁当よりも、はるかに高い数字を上げているからのようです。

「幸せのメロンパン」のキッチンカーは、基本的に1カ月20日以上稼働し、毎日同じ場所に出店するのではなく、数カ所をローテーションしています。

一つの場所にはできるだけ同じ曜日に出店し、地域の方々に「●曜日のメロンパン」として覚えていただくようにしています。

ちなみに、これまでの最高売上記録は、1日160万円です。イベントに出店し、メロンパン以外にも「まるごとラスク」と「クリームサンドメロンパン」をそれぞれ500円で販売しました。それでも、軽食系のキッチンカーで、1日に160万円の売り上げは驚異的な数字だと思います。

パンと高級スイーツのちょうど中間

「幸せのメロンパン」が高い売り上げをキープできているのは、メロンパンという商材が、「子どもにも大人にも、年齢や性別にも関係なく人気が高いおやつ」というのも大きいです。

小さなお子さんはもちろん、そのお母さん世代でも、メロンパンが「苦手」「嫌い」という人は少ないはずです。

学生さんなら男女ともに、おやつとしてメロンパンを買ったり、社会人も、仕事の合間や食後のスイーツ代わりにメロンパンを選ぶことがあるでしょう。

そして、おじいちゃん、おばあちゃん世代も、ふんわりと軽いメロンパンを、小腹が空いたときなどに気軽に食してくださるようです。

同じ菓子パンの「あんパン」や「クリームパン」と違い、メロンパンは、「ちょっと贅沢なおやつ」に分類されているようです。表面のサクサクとしたクッキー生地が、パンというよりスイーツに近い食感を生み出しているからでしょう。

でも、ショーケースに並ぶケーキほどハードルは高くありませんよね。特別感はないけれど、ほかの菓子パンほど庶民的ではない。絶妙な位置付けにあるのがメロンパンなのです。

日常的に、そして、少し贅沢な気分で食べてもらえる。しかも、値段はお手頃です。

メロンパンは幅広い年代の方々に愛されて、手に取ってもらうことができる、ある意味、希有なおやつなのです。

さまざまな経験ができるキッチンカー

キッチンカービジネスの醍醐味は、製造、販売、営業、マーケティング、コミュニケーション、会計、そして経営まで、さまざまな職種を一度に体験できることです。

シェフのように、ベストなタイミングで料理を仕上げる製造、のぼりやポップの位置などを工夫し、どうすればお客さんに立ち止まっていただけるかを思案するマーケティング、などなど。

コストを考えながら最適な個数を仕込む作業からは、会計的なスキルを得られるでしょう。軒先（のきさき）と呼ばれる出店場所を開拓する営業力や、お客さんとコミュニケーションをとりながら、接客・販売をする力も身につきます。

何より、キッチンカーの責任者として、お客さんに喜んでいただきながら、適切な利益を確保する経営術を実践で学ぶことができます。

一般的な企業で働くとしたら、まかされる職種はある程度限られてきますよね。これまでずっと営業担当だった人が、いきなり「経理をやってみたい」と希望したとしても、なかなかＯＫはもらえないはず。でも、キッチンカーであれば、日々の仕事の中で、さまざまな経験を積むことができるんです。

最初はやることが多すぎて、みんな戸惑います。ところが、いろんな経験をして、お客さんに喜んでいただいたり、売り上げにつながったりして、自分の成長を実感できるようになると、「学ぶことが楽しい」とみんな目を輝かせるようになります。

キッチンカーの運営に向いているのは、「いろいろなことを学びたい」「経営に携わりたい」という意欲のある方です。

「幸せのメロンパン」は、海外への展開も視野に入れています。

「日本のメロンパンを海外の人にも味わってもらいたい」「海外で仕事をしてみたい」という、広い視野を持った人にとっても、ビジネスの可能性が大きく広がりつつあります。

第2章

キッチンカー起業を目指すなら知っておきたいこと

ダメなら移動ができる

ここからは、一般的な飲食店経営と大きく異なる、キッチンカービジネスの特徴についてお話ししていきます。

キッチンカーとは、車の中に調理設備を備えて、できたてのメニューを提供する移動販売の一つです。お客さんに必要とされる場所へ出向き、その場で作りたてのメニューを提供します。

店舗を構え、お客さんの来店を待つ飲食店とは違い、キッチンカーなら、お店ごと車で移動ができます。

「お客さんがいないなら、お客さんのいるところへ行ける」のがキッチンカーです。

自由に場所を移動できるということは、「ここはダメだな」と判断したら、そこからすぐに撤退もできる、ということです。

店舗を構えると、退店時には店内を契約時の状態に戻す必要があります。内装を解体し、設備を処分するには、手間も費用もかかります。

その点、キッチンカーは、お店を（車で）そのまま別の場所に移すだけ。多額の費用をかけ、利益が見込めなければ廃業しかないという店舗経営よりも、失敗したときのリスクはかなり低いです。

立地選びに失敗しても、またすぐに別のところで再チャレンジができる。それがキッチンカーなのです。

キッチンカーは、自作・オーダー・レンタル

飲食店を経営するには、食品衛生法に定められた「食品衛生責任者」と「営業許可」が必要となります。

「食品衛生責任者」の資格は、各都道府県が開催する「食品衛生責任者養成講習会」を受講すれば取得することができます。「営業許可」は保健所に申請します（2021年5月現在）。

店舗と同じように、キッチンカーも、各地域に定められた基準を満たしておかないと、営業はできません。

換気扇、給水・排水タンクなどは、取り扱う商材によって必要な設備が異なるの

で、確認が必要です。

たとえば、給水・排水タンクは容量によって、メニュー数や調理工程に規程が設けられています。購入する車の大きさに関わってくるので、開業を決めたらできるだけ早い段階で、保健所に相談することをおすすめします。

キッチンカーを手に入れる方法としては、

- **新品のキッチンカーを購入する**
- **中古のキッチンカーを購入する**
- **新車または中古車を購入し、業者さんに依頼してキッチンカーにする**
- **レンタルする**

があります。

いずれの方法にもメリット、デメリットがあり、たとえば、中古のキッチンカーを購入する場合。費用を抑えることはできますが、購入の際には車の状態をよく確認する必要があります。

走行距離やどのくらいの期間使用していたのか、設備はそのままでも使えるのか、などです。「見た目はきれいでも使い始めたらすぐにガタがきてしまった」ということがないよう、しつこいくらいに（笑）チェックすることをおすすめします。

まっさらな状態の新車を購入すれば、業者さんに依頼して１００％自分好みのキッチンカーに仕上げることができます。でも、それなりに費用がかかります。設備を選んだり、配置場所の指示をするための、内装の知識も必要になります。

「幸せのメロンパン」は、中古のトラックを購入し、業者さんに依頼してキッチンカーにしています。

車に調理設備などを取り付けることを架装といいますが、窓、ドア、流し台などを装備したり、電気系統の工事をしたりと、これはさすがに素人には難しいです。

こうした、メリット、デメリットを多角的に検討し、自分に合った車を選んでください。

キッチンカー自体が広告塔になる

どんな商品でも販売できるようにと、キッチンカーのデザインをシンプルにしておく方が少なくありません。

タペストリーなどのディスプレイを変えれば、たとえば今日はたこ焼きを売っていたとしても、翌日に焼きそばを売ることもできるからです。

もちろん、そのやり方でもうまくいくことはあるでしょう。

「臨機応変なキッチンカー」というのも、キッチンカーのやり方の一つです。

でも、私たちのように「専門店キッチンカー」の場合はキッチンカーそのものを広告塔にしちゃったほうがお得です。

そのため「幸せのメロンパン」のキッチンカーは、オレンジに黄緑の水玉を描いて、パッと目につきやすくしています。

また、車のボディだけでなく屋根にまで「メロンパン」と書いています。

車をペイントしてくれる業者さんや関係者に、「屋根はさすがに必要ないんじゃない？」と言われることがあります。

でも、2階以上の建物から下を見たとき、屋根に「メロンパン」と書いてあれば「あ、メロンパンを売りに来ている」とすぐにわかりますよね。

また、派手で目立つ装飾であれば、キッチンカーで走っているだけで人目につきます。

つまり、移動時間がそのまま、キッチンカーが走る地域に住む方たちへの宣伝になるのです。

実際に、道路を走っているとき、隣を走る車の窓が開いて、「今、メロンパン、買える？」と言われたことが数え切れないほどあります。

また以前、キッチンカーの後ろにホワイトボードをつけ、「今日はここで買えます」のようにスケジュールを書き込んでいたことがあります。

すると、ボードを見て、そのままついて来てくださった方もいますし、「高速で見かけたので」と買いに来てくださる方もいました。

「宣伝広告」というと、チラシやイベント出店などをイメージする方が少なくありませんが、キッチンカー自体に工夫を加えることで、多くの人に目にしてもらうことも可能なのです。

知っておきたい3つの出店方法

キッチンカーは自由に移動できるとはいえ、気に入った場所に車を停めて好き勝手に営業ができるわけではありません。その場所を管理している企業、団体の許可が必要です。

スーパーマーケットの駐車場であればスーパーマーケットの、駅前であれば鉄道会社の許可を得なければなりません。ちなみに道路で営業することはできません。

ほとんどのキッチンカーは、次の「デイリー」「イベント」「買取」のいずれかの形態で出店しています。

デイリー

デイリー出店とは、特定の曜日、場所に出店することです。「毎日出店」「日常出店」と呼ばれることもあります。

スーパーマーケットやホームセンターの入り口付近、オフィス街などで定期的に見かけるキッチンカーは主にデイリーです。

デイリー出店をしたい場合は、直接、スーパーなどに問い合わせをします。あるいは出店先を紹介してくれる「帳合（ちょうあい）」という業者さんと契約し、そちらを通して出店します。

イベント

マルシェやフェスなどのイベント会場に出店することを、イベント出店と言います。

イベント会場の規模にもよりますが、デイリーと比べ、短期間で多くのお客さんに来店していただけます。

デイリー出店と同じように主催者に直接問い合わせをしますが、ホームページやSNSなどで出店の募集をしている場合もあります。

買取

買取出店とは、イベントを主催する企業などからオーダーを受けて、決められた数の商品を買い取ってもらうことです。

あらかじめ必要な個数がわかるため、ロスが出ないのがメリットです。

ただし、商品を日によって変える必要に迫られることがあり、たとえば、「焼き鳥ばっかりいらないから、かき氷も販売してよ」「今度は、ポップコーンやってよ」といった要望に応えるために、メイン以外の商品を提供する場面も見られます。

「デイリーしかやらない」「イベントのみ」など、きっちり決めているキッチンカーもあるようです。

運営手法の好みですから、どれがいいとは一概には言えませんが、ビジネスを取り巻く環境が目まぐるしく変化している昨今、どれか一つに絞ってしまうと、どこかで立ちゆかなくなる可能性が高いように私は思います。

「幸せのメロンパン」は、「デイリー」「イベント」「買取」、いずれにも対応しています。

「アポ取り」ができればビジネスは広がる

キッチンカービジネスでは、出店場所を「軒先」と呼びます。

キッチンカーを始めた人が、まずつまずくのが、この軒先が見つからないことです。

キッチンカービジネスが広がりを見せる中で、軒先を紹介するマッチングサイトも増えてきました。

こうした便利なシステムを使って出店場所探しをするのもいいですが、誰でも簡単に利用できるため、ライバルも多そうです。

人気のある場所は、すでに多くのキッチンカーが出店していたり、自分と同じようなメニューを掲げているキッチンカーがあったり。もちろん、ようやく希望の場所に出店できたとしても、そこで必ず売り上げが上がるわけではありません。
マッチングサイトを利用するには手数料がかかり、登録費だけの場合もあれば、売り上げの数%から10%を支払うケースもあるようです。売り上げや利益と照らし合わせて利用を考える必要がありそうです。

軒先探しを効率よく行うのであれば、結局は、自分の足で開拓するのが一番だと私は思います。
よさそうな場所を見つけたら、管理者に直接アポイントを取って、まずは面談です。アナログなやり方かもしれませんが、私の経験上、もっとも効率がよいです。

「幸せのメロンパン」は、関東のほぼすべてのスーパーで出店許可をいただいています。きっかけはいずれも直接のアプローチです。同じように、JRの敷地内でも出店させていただいています。

もちろん、出店の機会をいただいても、売り上げがよくなかったり、お客さんの評判が悪いとなったら、撤退を余儀なくされます。それがビジネスです。

ただ、幸いなことに、「幸せのメロンパン」はどこに出店しても人気が出るので、「次はいつ来てくれるんですか？」と再出店の依頼を受けることが多いです。

だから、「軒先が見つからない」などと場所に困ったことがないのです。

「幸せのメロンパン」のフランチャイズとして独立される方には、「アポイントの取り方」「取引先との契約の結び方」を細かくお伝えしています。

開業にあたって押さえておくべきことは、第4章でもお話しします。参考にしてください。

得意料理で勝負できるとは限らない

キッチンカーで扱うメニューは、カレーや丼、お弁当などの「ランチ系」と、クレープやドーナツ、そしてメロンパンのような「軽食系」の主に二つに分かれます。どちらを選ぶにしても、まず念頭に置くべきなのが、「なぜキッチンカーを始めるのか」ということです。その理由によって、販売するメニューが決まってくるからです。

「趣味の延長として」あるいは、「余生を楽しむために」ということであれば、自分が提供したい、得意なメニューでよいと思います。

一方、キッチンカーをビジネスとして成功させたいのであれば、話は変わってきます。

あなたの得意料理が必ずしもお客さんを喜ばせるとは限らないですし、コストばかりかかり採算が合わなければ、ビジネスとしてキッチンカーをやる意味がなくなります。

次に紹介する二つのポイントを参考にして、取り扱うメニューをしっかりと検討してほしいです。

一つ目は、「どんな人に喜んで買っていただけるか」ということ。つまり、ターゲットです。

たとえば、「豚丼が得意だから、これをキッチンカーで販売したい」という場合。豚丼はボリュームがありお腹にガツンとたまるため、量を求める方には喜ばれます。

でも、こってりとしたイメージがあるので、ヘルシー志向の方にはあまり好まれないかもしれません。女性のお客さんが多いスーパーなどの出店は難しいです。販売する場所が限られる可能性があるので、豚丼を買ってくださる方がいそうな場所をリサーチする必要があります。

「ランチ系」メニューは、販売の主流が平日のランチタイムになります。そのため、イベント出店以外では、夕方や週末の売り上げを見込むのは難しいかもしれません。

「軽食系」は、「ランチ系」よりも単価が安くなる代わりに、長時間の販売が可能です。ランチのあとでも、おやつとして手に取ってもらいやすいからです。出店場所も、「ランチ系」に比べると選択肢の幅が広がるでしょう。

メニューを検討するうえでのポイント、二つ目は、「数字」です。

キッチンカーにかかる経費、商品の販売価格、1日にいくつ売れれば利益になるのかを考えます。

ここで、キッチンカーの主な経費を挙げておきます。

キッチンカーは販売場所をお借りして営業するので、場所代（軒先での出店料）がかかります。契約内容によって場所代は異なります。

車両に関する経費は、ガソリン代（運転用と発電機用）、駐車場代、車両保険、損害保険などです。

ほかに、食材の仕入れ代、器やナプキンなどの備品代、調理に使うプロパンガス代、携帯の通信費、キッチンカーの規模によってはアルバイトの人件費などがあります。

経費が計算できたら、販売価格が見えてきます。

飲食業では、食材の仕入れ価格を販売価格の30％ほどに抑えるのが望ましいと言われます。

８００円で販売したいと考えたら、仕入れ価格は、２４０円以下が理想ですね。

逆に、食材の仕入れ価格が５００円になるなら、販売価格は１７００円以上に設定することになります。

販売価格から、先ほど挙げた経費を引いたものが利益となるので、1日に商品をいくつ売れば利益につながるのかを算出してみてください。

次に、利益を出すために、仮に1日に100個売るとなった場合、そもそも100個の商品を作るオペレーションが可能なのか？　100個売れる軒先はどこなのか？　といったことも考えていきましょう。

さまざまな角度から比較検討し、「自分の料理は、適正な利益が得られるほど、多くの人に求められているのか」「買っていただくための戦略はあるのか」を考え抜くことが、キッチンカーのメニューを決める際にはとても重要になってきます。

キッチンカーのデメリット

ここで、キッチンカービジネスのデメリットについても、まとめてご紹介しておきたいと思います。主に6つあります。

①大きな壁となる軒先開拓

お店を出す場所を見つけられるかどうかで、キッチンカービジネスの成否が決まる。そう言っても過言ではないと思います。現実問題として、出店場所（軒先）が見つけられず、廃業に追い込まれてしまう人はあとを絶ちません。

近年、キッチンカーが出店できる場所はどんどん増えています。それでも、軒先の開拓は、開業して間もない人にとっては、やはり大きな壁になっているのです。

「どうやって見つけるの？」
「どうやったらお店が出せるの？」
「どこに出店すれば商品が売れるの？」
出店する場所を開拓するときの三大障壁です。

まずは、「どうやって見つけるの？」についてですが、軒先を見つけるには、ネットを活用するか、あるいは、アナログな手法で地道に探すか、この二つになると思います。

ネットを活用するなら、

・キッチンカーのマッチングサイトをチェックする

・イベントでキッチンカーを募集しているサイトをチェックする

のが王道ですが、私が一番おすすめするのは、

・ツイッターやインスタグラムなどのSNSで「キッチンカー」と検索し、すでにキッチンカーが出店している場所をチェックする

です。出店できそうな場所が素早く、そして確実に見つけられます。

アナログな手法なら、

・商工会議所、観光協会、公園管理事務所などに問い合わせる

・キッチンカーの仲間から紹介してもらう

などがありますが、特におすすめしたいのは、

・**アンテナを張って街を回り、「よさそうな場所」を見つける**

です。

ライバルのキッチンカーにまだ知られていない、未開拓の場所を探し出せる可能性が高いからです。

場所が見つかったら、次は「どうやったらお店が出せるの？」という問題ですが……、その方法は、「出店したい場所に問い合わせる」しかないのです。勇気を出して問い合わせてください。

第4章では、場所を管理している方とのアポイントの取り方をお話ししていますので、こちらも参考にしてください。

最後に、出店場所を開拓していく中で、最大の難関とも言える、「どこに出店すれば商品が売れるの？」についてです。

ようやく場所を見つけて出店してみたものの、どうにもこうにも売り上げが上がらないことがあります。

人通りがないから？　商材がその出店場所には合わないから？

「じゃあ、うちの商材なら、どこに出店すればいいの――？」

答えは……「ありません」。

と言うか、すみません、私にもわからないのです。

ランチ系ならイベント出店、軽食系だとデイリー出店が一般的です。でも、1台のキッチンカーで、車の大きさも取り扱う商材も異なります。

ベストな出店場所を見つけ出すには、「デイリー」「イベント」「買取」すべての形態で、まずは試してみるのがいいと思います。

同じスーパーでも、地元に根づいた小さなスーパーと、その10倍くらいの広さの大規模なショッピングモールに出店するのとでは、どちらがよく売れると思いますか？

「ショッピングモール」という声が多く聞こえてきそうですが、意外にも、小さなスーパーに出店したほうが売り上げはよかったりします。

ショッピングモールは入り口がたくさんあるので、人の流れが分散しやすいです。スーパーは入り口が一つか二つ。だから、ある程度まとまった人数のお客さんがキッチンカーの前を通ります。

それでも、一概に「小さなスーパーがいい」とも限らないので、できるだけたくさんの軒先を確保し、試していってほしいです。

試行錯誤する中で、ご自身の商材に合った場所が、きっと見つかると思います。

②軒先の都合が最優先となる

キッチンカーは、こちらが一定期間場所を借りてビジネスをするので、どちらかというと、契約先の都合が優先されてしまいます。販売時間が決められていたり、変更になったり。先方の都合でやむを得ずキャンセルということも……。

そういった緊急事態に備えるには、常に複数の軒先とつながりを持っておき、出店スタイルも「デイリー」「イベント」「買取」とバランスよく行うのが理想です。

③天候・季節に売り上げが左右される

キッチンカーの出店は主に屋外なので、天候や季節によって売り上げが大きく左右されます。

「幸せのメロンパン」は、夏の売り上げが、ほかの季節と比べると半分にまで落ち込みます。ベーカリーショップでも、夏場は売り上げが落ちるようですが、炎天下のキッチンカーでメロンパンを買う人は、これほどまでに減ってしまうのです。

④車両関係のトラブルが多い

車で移動し、販売するので、当然、交通渋滞、交通事故、車両故障といった、車のトラブルに巻き込まれやすいです。

交通渋滞や交通事故は仕方がないとしても、車の故障については予防策を練っておきたいですね。

キッチンカーを選ぶとき、つい見た目や内装ばかりに目が行きがちですが、まずは車としてきちんと機能するかが最低条件です。

車両に問題が生じれば、出店場所に行くことすらできなくなりますし、修理期間中は何もできず休業となります。

費用を抑えたいからといって、「走ればいい」を基準にするのではなく、長く安全に乗れる車を選びましょう。

「かっこいい外車」は人気ですが、修理にもメンテナンスにも時間と費用がかかります。日本車がおすすめですよ。

キッチンカーには重い機材を積むので、どうしても車両に負担がかかります。車検だけでなく、ご自身で日頃から車体の状態をチェックして、メンテナンスを心がけてほしいです。

⑤「のんびり」に見えて拘束時間が長い

自由で気ままなイメージがあるキッチンカーですが、拘束時間が長くなるケースがあることを、知っておいていただきたいです。

キッチンカーの営業時間は軒先が決めます。

スーパーは朝10時から夜7時まで、駅前は朝10時から夜9時までと言われることが多いです。

「幸せのメロンパン」は、メロンパンの生地を発酵させるのに2時間かけるので、営業開始2時間前には生地をキッチンカーに仕込んでおきます。

朝10時のオープンに間に合わせるには8時から仕込みにとりかかり、現地に移動します。そして、営業終了後、毎日片付けをしてから帰路につきます。

仕込みと後片付け、それに移動時間を加えると4時間ほど。朝10時から夜7時の営業であれば、拘束時間は約13時間になります。

基本的にキッチンカーは途中で閉めることはできませんから、営業時間が長い軒先では2人体制になります。

カレーや丼ものなどの食事系であれば、ランチタイムだけの営業が多いですが、その分、仕込みに時間がかかるかもしれませんね。

キッチンカーは、自分で営業時間は決められないですし、運転して現地に移動するまでの時間も必要です。「自分のペースで、のんびりとやるつもりだったのに」「こんなに毎日、仕事に縛られるとは思っていなかった」と、幻滅してやめていく人が実は少なくないのです。

拘束時間が長くなるのは仕方のないことですが、どうにかならないものかと、私も模索している最中です。

ただ、一方で、

「誰かに雇われて、人間関係に苦労するくらいなら、拘束時間が長くても自分ひとりでできる仕事を選びたい」

と言われる方もいて、確かに、そういう考え方もありますよね。

私の経験からすると、拘束時間の悩みは、「仕事を楽しむこと」でかなり解消されると思います。

お客さんにたくさん喜んでいただく、つまりたくさん売れるようになれば、仕事はめちゃくちゃ楽しくなりますから。

「移動の時間は拘束ではなく、ドライブの時間。いろんなところに行けてラッキー！」と、こんなふうに自分の仕事を楽しめる方は、ＦＣ加盟店オーナーさんでもやはり成功しています。

⑥孤独になりがち

キッチンカーは、基本的にひとりで運営するビジネスです。

おしゃべりする相手もいなければ、困ったことがあっても相談できる人がいなかったりして、孤独を感じる人が少なくないようです。

同じ場所に出店しているキッチンカーがいたら、なるたけ話をしてネットワークを広げておくといいと思います。何かあったときに相談できる相手を見つけておくのも、大切なことですね。

メリットだけに目を向けるのではなく、キッチンカービジネスのデメリットもしっかり理解しておくことが、開業後のリスク回避につながりますし、何が起きようとも「想定内」となれば、あわてずに行動できると思います。

第3章

なぜ20年も「幸せのメロンパン」を売り続けられたのか？

メロンパンとの出会いは「たまたまの奇跡」

テレビなどの取材で、「メロンパンが大好きなんですか？」「なぜ、メロンパンなんですか」といった質問をよく受けます。

「幸せのメロンパン」のメロンパンは、ほかとは比べものにならないくらい、最高に美味しいです。私も大好きです。

でも、正直なところ、是が非でもメロンパンに関わるビジネスをしたかったわけではありません。

メロンパンとの出会いは「たまたまの奇跡」だったのです。

私は、学校を卒業してから幼稚園の先生をしていました。その後、転職し、絵本の訪問販売の会社に就職することになります。

ところが、最初の社員研修の段階で、「自分には向いてないな」と思うようになりました。営業という仕事を知れば知るほど、お客さんに不要なものを売りつけているように思えてきたからです。

いよいよ営業職デビューをする日、私は会社に辞表を提出することにしました。「やってみたけどダメでした」と上司に伝えるため、その辞表をひとまずポケットに入れて、最初で最後になるだろう訪問先に向かったのです。

こうして訪れた家のご家族に、意外にも私は大歓迎されます。

お子さんがまだ小さく、なかなか買い物に行けないとのこと。ちょうど絵本がほしかったところに私が登場したのです。

「わざわざ絵本を売りに来てくれるなんて、なんていいお仕事をされているのかしら」と感激しきりで、すぐに契約してくださいました。

それまでの私は、「販売」という行為に対して、「売りつける」といった、あまりよくないイメージを抱いていました。

それが、このときのお客さんとの出会いによって、「喜んで買っていただくのは、お客さんにとっても、私にとっても、いいことなんだ」と気づかされたのです。

モノを買っていただくことの奥深さに目覚めた私は、結局会社に留まり、その後10年間、トップセールスをキープしました。


当時、私が住んでいた大阪のとある住宅街に、あるときから、自家用車にオーブンを積み、メロンパンを売りに来るおじさんが現れます。

おじさんが作るメロンパンは、「これまでに食べたことのない美味しさ」と評判になり、毎週水曜日には長い行列ができていました。

話題になれば、当然、真似する人が出てきます。

私の先輩が、メロンパンの販売を始めました。「手伝ってほしい」と頼まれて、私は週末だけアルバイトをすることにしたのです。

ほどなくして、今度は東京で会社を経営していた友人から、「たこ焼き店をやりたいんだけど……」と相談を受けます。

私は、「たこ焼きじゃなく、今は絶対メロンパンがいいよ！」と力説し、早速アルバイト先のメロンパンを食べてもらいました。

友人はそのメロンパンをものすごく気に入り、私も一緒に、東京でメロンパンのキッチンカーを始めることになったのです。

2003年に「幸せのメロンパンHAPPyHAPPy」を立ち上げ、20年近くにわたり、さまざまな場所で、たくさんの人たちにハッピーを提供してきました。

その間、メディアにも取り上げていただいて、テレビ東京の『モヤモヤさまぁ～ず2』『新shock感』に取材していただきました。

思いついたら何でもやる！

2003年、「幸せのメロンパン」を開業してすぐに、日産スタジアム（横浜国際総合競技場）のフリーマーケットに出店することになりました。

当時は、メロンパンに限らずキッチンカーそのものがまだ珍しく、私は、宣伝のために、「幸せのメロンパン」ののぼりを持って、スタジアムを1周してみたのです。

すると興味を持った人たちがあとをついて来て、あっという間にキッチンカーの前に行列ができました。

そこで、別の同じような出店場所で、今度はアルバイトさんにのぼりを持ってもらい、私がやったように会場を1周してもらいました。

ところが、いつまで経っても戻ってこない……。

「どうしたんだろう？」と探しに行くと、のぼりだけがポツンと残され、アルバイトさんはいなくなっていました。

そのとき初めて、「のぼりを持って歩くのが、恥ずかしかったんだな」と気がついたのです。


私は、「人にどう思われるか」なんて、あまり気にするタイプではありません。おそらくこの性格が幸いしたのでしょう。メロンパンの美味しさ、素晴らしさを伝えるために、思いついたことは何でもやる！　という積極的な姿勢が、これまでの売り上げにつながったのだと思っています。

その後、東京の大手スーパーに出店できるようになり、「幸せのメロンパン」のメロンパンは評判に。毎日、行列ができるようになりました。

フジテレビの情報番組『とくダネ!』で紹介していただくと、さらに人気が爆発。放送の翌日からはメロンパンを買っていただくのに4時間待ちとなりました。

関東で他社に先がけて、メロンパンのキッチンカーを始められたのは、運がよかったとしか言いようがありません。たくさんのお客さんに恵まれました。


やがて、メロンパンとキッチンカーは大ブームに。「幸せのメロンパン」以外にも、あちこちにメロンパンのキッチンカーが出現し、「1日に3000個は売れるのがあたりまえ」と言われるほど話題になりました。

しかし、ブームが去るのも速く、1年後にはほとんど姿を見かけなくなりました。

そんな中、私たち「幸せのメロンパン」は、今もしつこく生き残っています(笑)。

ここからは、これまでの20年、私たちが何を考え、どうやってキッチンカーを運営してきたかをお話ししましょう。

大切にすべきことは徹底して大切にする

先日、私は研修のため、ひさしぶりにキッチンカーで製造と販売をしました。そのとき一緒に仕事をしたスタッフの働きぶりを見て、とてもとてもうれしくなりました。私が徹底して大事にしてきたことが、きちんと現場に引き継がれていたからです。

私がもっとも大切にしていることの一つが、「食べてhappy来てhappy」のモットーのとおり、お客さんも私たちもハッピーであること。

いやそれ以上に大切にしているのが、

「いつ何時も、史上最高に可愛いメロンパンを作る」こと。

さらにもう一つ、「焼きたて」への尋常ではないほどの「こだわり」です。


よくパン職人の方は、「パンは生きています」とおっしゃいます。

私たちはメロンパンのことしか知らないので、生粋のパン職人ではないかもしれませんそれでも、作る人、気温、湿度、さらに忙しさからくる気持ちの焦りなどによって、「美味しい」、「超美味しい」、「めちゃくちゃ美味しい」と、味のレベルが変わるのはわかります。こうした味の違いを目の当たりにすると、「パンは生きてるなぁ」と思います。

だからこそ、大切な人に接するように、愛情を持って、最高に可愛いメロンパンを作りたいのです。


私たちは「美味しいメロンパン」のことを「可愛いメロンパン」と呼んでいます。

まるでわが子のように、「よしよし。膨らんでるね。偉いね」「うわ、ごめん、熱すぎたね」などとメロンパンに話しかけることもしばしば（笑）。

温度や湿度がコントロールされた屋内とは違い、キッチンカーでのメロンパンの製造は、ほんとうに難しい。マニュアルを参考にするのはもちろん、そのとき、その場の状況に合わせ、絶妙な調整が必要になります。

どんなに忙しくても妥協せずに、「可愛いメロンパン」を追い求めています。だから、史上最高に可愛いメロンパンが焼き上がると、ベテランスタッフでさえ、「社長見てください。このメロンパン可愛いぃぃいい！」と興奮気味に教えてくれるのです。


「メロンパン店を経営しています」と言うと、「えー！　食べたい〜。今度持って来て」とよくお願いされます。

でも私は、1回も持っていったことがありません。決してケチなわけでも、もったいぶっているわけでもないですよ（笑）。

まずは、焼きたてを食べてほしいのです。だから、「冷めててもいい」「お金を出すから」と言われても、断固お断りです（笑）。

第1章でもお話ししましたが、一般的なベーカリーショップでは、クッキー生地をサクッとさせるため、メロンパンはある程度冷ましてから売場に並べています。だから、「焼きたて」を味わえることはほとんどないのです。

私たちは、よそでは食べられない、レアな美味しさを提供することに命をかけているのです。

メロンパンの生地を発酵するのに約2時間、焼き上げるのに10分ほどかかります。ということは、2時間後にどのくらいのお客さんが来られるかを予測して、発酵の作業にとりかからないといけません。

たくさん発酵させてたくさん焼いても、お客さんの数が予測を下回ると、焼き上がったメロンパンが残ってしまいます。

こうした状況になると、一般的にはもうそれ以上は焼かずに、今あるものを売り切ることを考えますよね。

「幸せのメロンパン」には、「お店のオープンからクローズまで焼き続ける」というルールがあります。どれほどパンがたまっていっても、ロスになったとしても、閉店ぎりぎりまで発酵し、焼き続けて、常に焼きたてが提供できる状態にしています。

逆に、お客さんの数を実際よりも少なく見積もってしまった場合、発酵が間に合わなくなります。この状況を「発酵待ち」と言って、「幸せのメロンパン」では、プロとして絶対にあってはならないこととしています。

また、「ただいま焼きたて」と並べられたパンは、焼き上がりから30分〜2時間というのが一般的なようですが、「幸せのメロンパン」で焼きたてとするのは10分以内。かなり短めです。

もっと細かく言うと、焼き上がりから1分、3分、7分と、食感はどんどん変化していきます（ちなみに、私の一番のお気に入りは、焼き上がりから5分後のメロンパンです）。

「いつ何時も、史上最高に可愛いメロンパンを作る」「焼きたてを提供する」。「幸せのメロンパン」にとってはもはや日常のルーティンなのですが、「大切にすべきことは徹底的に大切にする」姿勢を、私たちは決して崩すことはありません。

メロンパンブームが去ったあとも、「私たちが生き残れた秘訣」があるとするならば、この頑固とも言える、徹底して譲らない姿勢かもしれません。

変化を恐れずチャレンジし続ける

こだわりのメロンパンをひたむきに製造する傍ら、販売については試行錯誤の連続でした。

特に真夏の売り上げは、先にもお話ししたとおりガクッと落ち込みます。

音楽フェスに出店し、メロンパンの代わりにビールやかき氷を売ったこともあります。軒先を求めて、プールサイドに出店したことも。

１週間や１カ月という短いスパンで、商業施設内の一角にポップアップストアを立ち上げたこともあります。

あれこれ試した結果、夏場でも、夕方の時間帯からは私たちのメロンパンを買い求めるファンの方がいることがわかり、今では通常どおり営業を行っています。

いずれは、7~8月の2カ月間をまるまるお休みにしたいと思っていて、10カ月間の営業で年間の売り上げをキープするにはどうしたらいいのか思案中です。


「ダメだったらどうしよう」ではなく、思いついたことはまず試してみて、「ダメなら、進路変更すればいい」と私は思っています。

万が一、失敗しても、それは「失敗の宝」になります。

行動して失敗したら、それは「うまくいかない方法」がわかっただけのこと。

失敗は、うまくいく方法にたどり着く助けになってくれます。

そう考えれば、変化を恐れずに、どんどんチャレンジできると思います。

売り上げを左右するネーミングの妙

「幸せのメロンパン」は、ネーミングにもこだわっています。

耳にしただけで幸せを感じ、記憶に残るよう考え抜いたネーミングは、どれも自信作です。

たとえば、ベーシックな定番のメロンパンは「幸せのメロンパン バター味」。もう一つの人気が高い定番は「チョコチップまみれメロンパン」です。ミルク味のメロンパンは、「ハッピーモーモー」と名づけました（現在は販売終了）。

注文の際、お客さんには、このユニークな商品名を、わざわざ口にしていただくようにしています。

コワモテのお兄さんが、

「『ハッピーモーモー』と『幸せのメロンパン バター味』をください」

と、少し照れながらオーダーされるんですよ。

それだけで、その場にいるお客さんもスタッフも、なんだかハッピーな気分になれますよね。

「チョコチップまみれメロンパン」を購入されたお客さんには、「チョコにまみれてくださいね」と言ってお渡しします。やはりみなさん、笑顔になります。

「バターメロンパン」とか「チョコメロンパン」とか、そんな単純な名前ではダメなんです。ネーミングのような小さなことでも、一つひとつ私たちはこだわりたいのです。

ちょっとした工夫の積み重ねがあってこそ、「幸せを感じることに特化した〝味〟と〝空間〟づくり」が叶えられるのですから。

「ネーミングが面白い！」と話題となり、お客さんが殺到したことも。

商業施設にポップアップストアを開いたときは、売場にオーブンが置けず、焼きたてのメロンパンを提供できませんでした。そこで、新たなメニューを開発したのです。

メロンパンにホイップクリームをはさみこんだ、その名も、「上司の話は聞きたくない」（現在は販売終了）。そのネーミングの意図は、味がプレーンなので、「メロンパンも、上司の話もシンプルなのがいい」から。

ホイップクリームとカスタードが入ったメロンパンは、「こんなに美味しかったら、死んでも地獄に落ちないよね」というスタッフの発想から、「死んでも地獄に落ちない」（現在は販売終了）に。

そして、ある日を境に、ポップアップストアは行列が絶えなくなり、1日1000個近くが飛ぶように売れました。どうしてこんなことになったのか、不思議に思っていたところ、「ツイッターでバズってますよ」とお客さんに教えていただき、びっくりしたのを覚えています。

リピーターになってもらう戦略を持つ

いつでもそこにいるわけではないキッチンカーに、お客さんが、2度、3度とわざわざお越しくださるのは、ものすごいことだと思っています。

気に入っていただき、リピートしてくださるのは、ほんとうにありがたいことです。

ただそうは言っても、「美味しい料理を提供する」だけでは、なかなか数多くあるキッチンカーの中から選んでいただき、リピーターになっていただくのは難しい。

「幸せのメロンパン」では、衝撃的に美味しいメロンパンを提供するのと同時に、次のような仕組みをつくり、リピーターになっていただくようにしています。

・メロンパンの味の衝撃を受けてもらうために、焼きたてを召し上がっていただだ

く仕組み

・20種類のメロンパンを一気に出さないことで、全種類制覇したいと思っていただく仕組み

・単なる「メロンパン店」ではなく、「幸せのメロンパン」や「ハッピーハッピーメロンパン」とすることにより、ほかとは違うということを印象付ける仕組み

・出店日を毎週○曜日、毎月第○●曜日とすることでキッチンカーを覚えやすくする仕組み

・LINE、ツイッター、インスタグラムなどのSNSを充実させて、出店場所、日時を確認できる仕組み

などなど。

「幸せのメロンパン」では、お客さんに対して、

「初めてのお召し上がりですか？　2回来てくださったらVIP。3回来られた

らバイトできます（笑）」
という、お決まりのセリフがあります。
これも、

・ユーモアがあってハッピーになる言葉を使う仕組み

になっています。

私たちは、「たまたま」いたキッチンカーから、「わざわざ」リピートしていただけるキッチンカーでありたいと思っています。

ゆっくり、じっくり考えるより素早く行動

早く行動することでチャンスをつかむことができます。

あるとき私は、全国にお店がある大手スーパーの本部の方と話をしていました。そこで「全国で、一番売り上げが多い店舗はどこですか」と聞いたら、「東北の店舗です」と教えてくださいました。その日のうちに新幹線に乗って、そのお店に向かいました。お店は、アーケード内にあり、軒先として非常によい場所でした。担当の方とすぐに商談し、キッチンカーを出店できることとなったのです。

今やってもあとでやっても変わらないことは、今すぐに行う。

何も知らないことであれば、すぐにリサーチをして、ある程度の知識を得たら、

小さく試してみる。

「素早く行動」することで、「失敗の宝」がより早く集まると考えています。

「失敗の宝」は、たくさん集まれば集まるほど、うまくいかない方法が明確になり、うまくいく確率が高まります。

つまり、早く行動することによって、たとえ失敗しても傷は浅くすみ、完成度がはるかに高まるのです。

突破力

私はよく人に、「"突破力"がある」と言われます。

困難にあっても乗り越えてきたのだろうと思われているようです。

結果として乗り越えているのですが、当の本人は、「これを突破しなければ」「絶対に乗り越えなければ」などと、強い決意をしたことはあまりなく、どちらかと言うと、達成するまで、淡々とやめない。知らぬ間に突破している、といった感じでしょうか。


もしこの「突破力」が、20年近くもお客さんに愛されるキッチンカーを続けてこられた秘訣の一つなのであれば、突破力について、私なりに分析をしてみました。

突破力のイメージは、がむしゃらに！　という感じではなくて、淡々と。
突破することはもう決まっているので、そこに行くだけ。そんな感じです。

「これだ」と決めたことに関して、うまくいかないことがあっても、
「やらないという選択肢はないので、方法を考えよう」とよく言っています。
「AがだめならB、BもだめならAとCをくっつけるのはどうだろう？」など、
いろんな可能性を探って、とにかくあきらめない。とにかく、しつこい（笑）。
突破する方法は、「突破するまで続ける」ということなのです。

そうは言っても、実は私、「だめだな」「違うな」と思ったら、すぐにあきらめるし、やめることも、多々あります。実際は突破していないこともたくさんなのです。
そして、あきらめたことについては、「そんなことありましたっけ？」と、切り替えも「早い」（笑）。

途中でやめたことで、そのときは突破できなかったように思えたことも、ゴールに向かって、行動していく中で、変化し、違う形で結局突破していたりします。

違うなと思ったら、すぐやめる選択や決断をすることも、突破力には重要な要素だと思います。

すべてが順調に進むわけではない

お客さんに追いかけてもらえる「幸せのメロンパン」を、20年近くも運営している。そう聞くと、最初から順調で、苦労などなかったように思われるかもしれません。

うまくいっているのと同じくらい、私たちも、たくさんたくさん、うまくいかないことがありました。

「トライ&エラー」だけでなく、「エラー&エラー」が続き、今では、ちょっとしたエラーくらいじゃ、びくともしないほど、たくましくなりました（笑）。

あとから振り返れば、うまくいかなかったことのほとんどが、うまくいくための布石になったからかもしれません。

どんなビジネスでも、軌道に乗るまでは試行錯誤の連続です。

せっかくキッチンカーをスタートしたなら、1～2カ月で、「思っていたのと違う」「こんなはずじゃなかった」とくじけずに、トライ&エラーを繰り返して、自分なりのやり方を築き上げてほしいです。


私が経験したトラブルやエラーをいくつか挙げてみますね。

「幸せのメロンパン」を始めたとき、「屋台」と差別化しようと考え、メルセデスベンツのバン「トランスポーター」という車種を使用したのです。

ところが、ベンツのトランスポーターは、とても特殊な車で、ほとんどの日本のディーラーさんでは、修理することができませんでした。このことは、車の調子が悪くなってから初めてわかったのです。

それから修理対応してくれる工場を探すのにも一苦労。さらにドイツからの部品取り寄せに、数百万円という莫大な費用がかかり……。もちろん、部品を取り寄せている間は、営業はできません。

数カ月間キッチンカーが使えなくなったことも、一度や二度ではありませんでした。

車で移動できない間は、袋詰めした「まるごとラスク」や「シュークリームメロンパン」を、ポップアップストアで販売したりして、しのぎました。

そして、しのぐつもりの催事部隊に急に人気が出たものだから、計画性もなく忙しくなりました。スタッフ一同疲労困憊という、予想外の事態が起こります。

未熟な経営者の大エラーでした。

もう一つ、よく覚えているのが、大手のスーパーに出店していたときのことです。ちょうどメロンパンブームが起きたころで、たくさんのお客さんに来ていただき連日大行列。

そんなとき、スーパーから、突然、「明日から出店してもらえなくなっちゃった」と連絡が入りました。

実は、大行列の私たちのキッチンカーを、たまたまスーパーの会長が目にされて、

「他社の製品でなく自社の製品を売りましょう」と全店舗に通達されたようでした。翌日から私たちだけでなく、すべてのキッチンカーがそのスーパーで出店できなくなったのです。

当時、そのスーパーは私たちの出店場所のほとんどを占めていたため、かなりの痛手でした。このとき、「出店場所を1社に依存してはいけない」「多くの出店先とお取引させていただかないといけない」と痛烈に感じ、出店先を開拓しました。

もちろんこうしたピンチのときは、お金が回らず、非常に大変な思いをしました。でも、近所の信用金庫さんがたまたま、営業でご近所回りをされていて声をかけてくださり、運よく力を借りることができたのです。

私はこのとき、初めて「融資」の存在を知りました。

イベントで、来店されるお客さんの数を読み違えて、連日500個以上のロスを出したことも一度や二度ではありません。これは何回やっても慣れず、胃が痛くなります。逆に、少なく見積もりすぎて、発酵が間に合わず、お詫びしてお断りする状況も何度もあり、こちらもいまだに慣れません。胃が痛くなります。

ただ、販売個数については、時間売上数の統計を取り、イベントの前年度売上の統計から検討することで、機会ロスは、ほぼ出さないようになりました。

また、作りすぎてしまったメロンパンは、あるときから知恵を絞って袋入りのメロンパンラスク「まるごとラスク」になりました（今では主力商品となり、ラスク用にわざわざメロンパンを焼くほどです）。

車の事故、工場全焼、過酷な労働によるスタッフの離脱など、私の未熟さによるトラブルは数多くありました。

「もうイヤだー」「もうダメだー」ということは、数え切れないほどありました。でも、必ずなんとかなります。なんとかなりました。自分でなんとかできなくても必ず誰かが助けてくれます。

失敗やトラブルがあったからこそ、「今」があるって心から思います。

キッチンカーを運営するという、初めての経験だからこそ、不安になったりあきらめたくなったりすることもあるでしょう。

でも、問題を乗り越えれば乗り越えただけ成長して、解決能力や決断力が身についていきます。図太さも身についていくでしょう（笑）。まわりの愛を感じることも増えていくでしょう。

「すべてが順調にいくわけではない」と初めに知っておくと、順調にいかないときこそ、「よしよし、順調だな」って思えるはずです（笑）。

言葉が行動を創る

「言葉が世界を創る」

発する言葉の威力はすごいと思っています。

さらに言葉は、相手にだけでなく、発した自分にも大きな影響を及ぼすと思っています。

私は「よし、やるぞ」「今日はうまくいく」などと無意識のうちにつぶやいているとスタッフによく言われます。

そうして、言葉で自分の感情や行動を創っている感じでしょうか。

私が、口にする言葉を大切にするようになったのは、母から非常に大きな影響を受けています。

私の母は、「学校の勉強よりも、〝人に対していい言葉を使う〟ことや、〝お手伝いができる〟ことのほうがよっぽど大事」という考えでした。

特に、「一言目に発する言葉に気をつけなさい」とよく言われていたのです。

たとえば、「ご飯の準備して」と言われたときに、「え〜っ」とか「なんで、最悪」などと返事をすると、めちゃくちゃ怒られました。

「どうせやるなら、気持ちいい返事をして。言葉大事!!」と言うのです。

そのため、私や妹は、居酒屋さんのスタッフのようなノリのいい返事が身につきました（笑）。

実はまだキッチンカーを始めたばかりのころ、キャッシュフローが回らなくなり、どうしても支払いに困ったことがありました。

そのとき、ほかに頼る人が思い浮かばず、悩んだあげく夜中に、泣きながら母親に「お母さん、お金貸して」と電話をしたのです。

私にしてみれば、親元を離れて事業を運営しているのに、パートタイムの仕事をしている母に、お金を借りようとするのは、死ぬほど恥ずかしいことでした。

また、母に心配をかけるのも心苦しかったのですが、そのときはどうしようもなくなり電話をかけたのです。

私は母に、「どうしたの？」「何があったの？」「大丈夫？」と聞かれると思っていたのですが、なんと母の発した第一声は、「ありがとう、そんなときにお母さんを思い出してもらえてうれしいわ」だったのです。

そして、「お役にたてて、ほんとうにうれしいです。感謝です」と言われたときは、心底驚き、徹底して言葉を選ぶことの大切さを実感したのです。

私はその後も、斎藤《さいとう》一人《ひとり》さんなど、言葉の法則や言霊の本を読んで、言葉の大切さを、改めて確認しました。

第4章

これからの時代を生き残れるキッチンカー

6割以上の人が脱落してしまう理由とは？

夢と希望を持ってスタートしても、1年後には半数近くが脱落してしまう……。悲しいことにこれがキッチンカー業界の現実の姿だと、私は感じています。実際に廃業していくキッチンカーをこれまでたくさん見てきました。

そして、こうやってお話ししている私自身も、決して順風満帆だったわけではないのです。

数え切れないほどの失敗を繰り返し、「もうダメだ」と何度もくじけそうになりましたが、今のところどうにかしぶとく生き残っています。

ここまで20年近くも続けてこられたのは、私の中に本来備わっている「明るいしつこさ」のおかげでしょうか（笑）。

ここでは、「なぜこれほどまでに脱落してしまうキッチンカーが多いのか」について、その主な原因をお話ししていきます。

キッチンカービジネスから撤退することになる理由は、「十分な売り上げと利益が得られなかった」「思っていたのとは違った」ということです。

・キッチンカー作りがゴールになっていて、その後の戦略などまで頭が回らなかった
・いい商品を届けたい強いこだわりから、収支に無頓着だった
・「多くの人に、長く」求められない商品を選んでしまった
・軒先を開拓できなかった
・お客さんに愛され続ける戦略が考えられなかった
・拘束時間の長さが自分の働き方に合わなかった

といったところでしょうか……。

戦略や軒先開拓については、「幸せのメロンパン」で行っていることを、この本に記していますので、ぜひ参考になさってください。

ここでは、「多くの人に求められない商品」についてもう少しお話しします。

「こだわりの商品＝売れる」とは限らないのがビジネスの難しいところ。これはキッチンカーに限った話ではありませんよね。

キッチンカーにおける「多くの人に求められる商品」は、キッチンカーの3つの出店形態（デイリー・イベント・買取）のどこででも、売れるモノだと思います。

たとえば、カレーや丼などのランチ系は売れる時間帯が限られますので、オフィス街やイベント会場ではたくさん売れますが、スーパーの軒先では売れにくいかもしれませんね。

コーヒーは？　パフェは？　ホットドッグは？　流行のアイスは？

イベントが開催されないことがあるという今の時代、スーパーの軒先でも売れる商品を選ぶことも長く生き残れるキッチンカーの要素かもしれません。

「微差力」が、うまくいくかいかないいかを分ける

では、コロナ禍を経た今、そしてこれからもずっと、愛され続けるキッチンカーを運営するためにはどうしたらいいいか。

私なりの考えで、大切なポイントをお話ししていきましょう。

まず私がもっとも重要だと考えているのが、「微差力」を大切にすることです。あたりまえと思われること、たいしたことないと思われるような小さなことも、おろそかにしないで徹底的にやる、つまり微差を軽視しないで取り組むことを、「微差力」を大切にすると私は言っています。

「幸せのメロンパン」の販売の研修を行うと、「どうやったら、たくさん売れるか、コツを教えてください」とよく言われます。

多くの人は、モノが売れるようになるには、何か特別な「裏技」があって、それさえわかれば、誰でもすぐに売れるようになるのではと考えます。

「メロンパンが焼き上がったら、ちゃんと〝焼き上がりました〟と言おうね」とか、「ＳＮＳで〝前宣伝〟しようね」などと言うと、「そういうことじゃなくて、もっと秘策みたいのはないんですか？」と聞かれます。

でも、これが秘策なんです（笑）。

そうしたあたりまえのこと、一つ一つをどれだけ丁寧にできるかが、売れるか売れないかだけでなく、うまくいくかいかないかを分ける、もっとも大切なポイントだと考えています。

「大きな売り上げを目指している」から、小さなことは雑にしてしまう。

もしくは、作業に慣れてくると、だんだんおざなりになり、小さなことには手を抜いてしまう、そんな人が少なくありません。

私は、1日、メロンパン1個数百円の売り上げをどうやってプラスしていくかを考えて「微差」を積み重ねることで、大きな売り上げになると確信しています。

「幸せのメロンパン」では、現場に着いてから店をオープンするまでの準備時間を1時間としています。

私が、キッチンカーの現場に出ていたときは、「いかに30分で準備して売れるようにするか」を、常に考えて実践していました。

「12時に到着して、1時から販売する」という契約の軒先だとしましょう。

1時にオープンすればいい場所でも、12時に搬入したら、何が何でも12時半にはオープンしていました（もちろん軒先の許可を得ています）。

軒先のルールから考えれば、12時半に店を開ける必要はありません。

でも、その30分で売り上げが5000円くらい異なります。

また、その場の5000円だけでなく、そこで買っていただいた方が、リピートしてくださるかもしれませんし、その方から口コミが広がるかもしれないのです。

たかがおひとり、されどおひとりなのです。

「たかが、30分でしょ」と、考えて、時間どおりに1時からオープンしていた人とは、1年後には大きな差がつくでしょう。

私たちは、運のいいことに、キッチンカーをスタートしてすぐにテレビに取材され、一気に売り上げが上がりました。メロンパンのキッチンカーのブームが巻き起こり、私たち以外にもメロンパンのキッチンカーが一気に増えたのです。

そして、メロンパンブームが去ると、たくさんのメロンパンキッチンカーは姿を消しました。

私たちが消えなかったのは、

「そんなの、どうでもいいんじゃない?」と思われるようなことにこだわり続け、

「微差力」を大切にしてきたからかもしれません。

SNSでしっかりと「前宣伝」しておく

「微差力」を考えたときのいい例が、SNSでの「前宣伝」です。

「忙しかったから出してません」「3日連続して投稿したから、昨日は休みました」などと、サボりがちな人と比べると、やはりコツコツと毎日、投稿している人は、3カ月後、半年後、1年後などに大きな差が生まれています。

「前宣伝」とは、映画にたとえれば「予告編」のことです。

映画は、映画館の前で、「すごい映画やってますよ」「見に来てください」などと呼び込んだりしませんよね。

必ず、どこかでダイジェスト版を流して予告しているはずです。

映画の場合、以前は劇場やテレビＣＭでの予告が主流でした。

でも近年は、ＹｏｕＴｕｂｅなどの動画サイトに印象的なシーンを投稿したり、ツイッターなどでこまめに情報をツイートしたりすることが増えています。

その結果、劇場予告やテレビＣＭよりも、ＳＮＳで宣伝したほうがお客さんが集まるという結果も、最近は出ているようです。

キッチンカーの場合も、ＳＮＳでの前宣伝が充実していれば、それだけでお客さんが集まりやすくなります。

前宣伝を続けて習慣化していくと、お客さんは、見るのが習慣になり、日々期待したり、楽しみにしてくださったりします。そして、私たちの発信に共感してくださることが多く、あたかも参加しているように身近に感じてくださるのです。

そうして、来店される前から、「欲しい」「買おう」と決めて来られる場合が多くなるのです。

レア感を出しながらも覚えてもらいやすいスケジュールを組む

ここで、キッチンカーの特性を活かしきる例としてお話ししたいのが、出店スケジュールです。

多くの人は、店舗のように「同じ場所にいつもいる」「いつ行ってもいる」状態であることが、キッチンカービジネスでも重要だと考えます。

特に売れる場所だと、ずっとその場所に出店したくなりますよね。

でも、出店スケジュールにこそ、細かい点にこだわって徹底することで、お客さんに愛されて、追いかけてもらえるキッチンカーになると考えています。

扱う商材は何であれ、出店するスケジュールを、「レア感を出しながら、覚えてもらいやすい」という視点で考えるのが、長く続けていくための重要なポイントだと思っています。

たとえば「月水金」のように、週に3回も同じ場所に出店するのは、レア感がなくなります。

そして、いつもいるなら、「今日じゃなくてもいいか」と思われがちです。

また、私たちは特に、キッチンカーを「動くエンターテインメント」だとしています。

そのため、「いつもそこにいる」と、日常の風景になってしまい、エンターテインメントとして受け止めてもらいにくくなると考えているのです。

もちろん、出店する曜日を決めるのは大切です。

なぜなら、たとえば毎週金曜日に出店しているのであれば、「金曜日はメロンパンの日」として記憶してもらえるからです。

同じ場所では、多くて月に4回の出店で、少ない場合は、月に1回というケースもあります（軒先事情によってそうできない場合もあります）。

どのくらいの頻度が最適かは、出店してみないとわかりません。

でも、「同じ場所に、頻繁に出店しすぎない」のは、店舗ではなく、移動するキッチンカーならではの、重要なポイントなのです。

行列はできるものではなく作るもの

私たちは、行列は「できたらラッキー」なのではなく、「作るもの」と考えています。

メロンパン大学のライブラリーの中には、『ハッピーハッピー行列マニュアル』という本が並んでいます。

ページを開くと、

「行列はできるものでなく作るもの。行列ができているお店をよく見てみると、面白い仕組みがあります。買ってもらうためにはまずは『止まってもらうこと』です（売る美学〔2の型〕）。行列はできるものでなく作るものなのです」

と書いてあり、目次を見ると、

1　目に留まるための法則
2　耳に留まるための法則
3　エネルギーで留める法則
4　「止まってもらう」の1位は「行列」「人だかり」
5　人は言われた通りに動きたい
6　イメージを創り上げる
7　やはり「愛」と「感謝」です

……と、行列の作り方の秘伝が書かれています。


ここでも、少しお伝えします。

「行列」を作るために、一番にやることは、まずは止まっていただくことです。

目に留まるディスプレイや看板、のぼりの位置。耳に留まる機械的でないお声がけ。現場のＴＰＯに合った耳に留まる神ワード。セールスエンターテイナーが醸し出す集客エネルギー。
「幸せのメロンパン」でいうと、「鼻（香り）で留まる」もあります。
オープンからクローズまで、メロンパンを一日中焼き続けるのは、「焼きたて」を提供するだけでなく、「おいしい香り」で止まっていただくためでもあります。

そして、人が思わず止まってしまうのが、行列や人だかりです。

「止まる工夫」↓「人だかり・行列」↓「さらに留まる」「行列が行列を作る」↓「いつもにぎわっているお店のイメージが創られる」↓「いつも人が集まるキッチンカーになる」

行列に並んでいただき、待っていただいている間も、商品選びのワクワクする時間になるようなポップを配置したり、思わず手に取ってしまうようなレジ前商品を置いたり、楽しくなる仕組みを作りましょう。

「幸せのメロンパン」では、行列のお客さんに、「レジで焼きたてのメロンパンをご注文するまでに、メロンパンラスクの誘惑に負けながら進むシステムになっております」とお声がけ。

みなさん、甘い誘惑に負けながら（笑）、並んでくださっています。

がんばらなくていい、「やる」だけ

販売や営業の研修を終えると、ほとんどの人は、

「わかりました！　明日からがんばります」

とやる気を見せてくれます。

でも、そんなとき私は決まって、「がんばらなくていいです、具体的にやるだけ♪」とお伝えします（♪を付けたのは、やることが簡単でシンプルなことだと思っているからです）。


「がんばります！」自体は、自分を鼓舞して、気合を入れることのできるすてきな言葉です。

ただ、「がんばります」には落とし穴があります。

モチベーションを上げる言葉なだけに、がむしゃらに動いて疲れてしまったり、逆に行動していないのに、「何かわからないけど、気持ちだけ盛り上がっている（笑）」となりがちです。

がんばろうとするときは、結果や目的達成のために的確な行動をすることを意識しましょう。


私の座右の銘の一つに、アインシュタインが言ったとされる、「同じ行動をして、違う結果を求めることを狂気という」があります。

すごい言葉ですよね。

つまり、いくらがんばっても、同じことの繰り返しでは同じ結果しか得られない。違うことをすれば、違う結果になるということです。

結果が出ないときは「しりめぐ作業」をしていることが多いと私はよく言います。「しりめぐ作業」とは私の造語で、「目が痛いのにお尻に目薬をさしているような行動」という意味です。

つまり、結果につながらない行動のことです。

たとえば、体力をつけて健康な体を手に入れたいのに、「糖分、必要ですよね」と、甘いお菓子ばかり食べている。

健康な体を手に入れたいのに、そんな真逆なことをするはずがないと思うでしょうか？

まさかと思うかもしれませんが、私も含めて、向かう方向と真逆の動きの「しりめぐ作業」をしていることって多々あるのです。

これからの時代に生き残っていけるキッチンカーになるには、やり方やアプローチを常に変化させることが大切です。

「もう少しがんばれば、なんとかなるかも」と同じ行動をいくら続けても、結果は変わりません。

また「しりめぐ作業」に気づくためには、自分たちの進む方向性をしっかり決めておくことも大切です。

たとえば、「幸せのメロンパン」であれば、「お客さんに幸せな気持ちになっていただく」、そして「売れ続けることにつながる行動をしているか？」と常に確認することで「しりめぐ作業」に気づいて、次の新しい行動を起こせるのです。

また私は、「これやるだけシート」と自分で呼ぶ、81個あるマス目をやるべきことで埋めて行動するシートをよく使っています。

もともとは、教育者である原田隆史《はらだたかし》氏が考案した「オープンウィンドウ64」というチャートを参考にしています。

このチャートは、現在、アメリカの大リーグで大活躍をしている大谷翔平が高校生のときに、「8球団にドラフト1位指名される」ことを目標に作成したものとしても有名です。

このチャートは、最終的な目標のために「やること」を書き出すだけのもの。

ただその書いたことを「やる」だけで、目標を忘れてやっていても、知らない間に目標を達成してしまっているという、めちゃくちゃおすすめのチャートです。

自分たちの販売場所を確保するためには？

キッチンカーの運営がうまくいくかどうかは、「売る場所が見つかるかどうか」に大きく左右されます。

ここで、幸いなことに販売場所には困っておらず、逆に多くの軒先から、「次はいつ、来てくれるの？」と言われる私たちが、軒先を開拓するために実践しているコツをいくつかお話ししましょう。

多くの人がまず悩むのが、「出店してみたい」「ここ、いいな」と思った場所があっても、どこに連絡したらいいかわからないということです。

特に、これまでキッチンカーが出店していない場所では、ネットで調べても、「キッチンカーを出店したい人はこちらにご連絡ください」などとは書いていませんし、電話をするにしても、どこの誰につないでもらえばいいかわからないでしょう。

そんなときにはまず、お店などの代表番号に電話をして、「キッチンカーを出させていただきたいのですが、どうしたらいいでしょう」と素直に聞いてしまうことです。

もしその場所が、キッチンカーを求めていないのであれば、断られるかもしれません。でもそれは、単に「そこには出店できない」という事実がわかっただけのこと。必要以上にガッカリしなくていいのです。

一方で、可能性がある場合は、たとえば大手のスーパーであれば、「加工食品のバイヤーにつなぎます」などと、言われるはずです。

そうであれば、スーパーでは「加工食品のバイヤー」さんが、キッチンカー出店の決定権を持つ人だと推測できます。

業界の仕組みがわかれば、2軒目からは電話をかけたときに、いかにも慣れているふうに、「加工食品のバイヤーさんを、お願いします」と言うことができます。

すると、面倒くさがられてたらいまわしにされたりすることが減り、担当につないでもらいやすくなるでしょう。

同じように、担当者につないでもらいやすくするためのコツとして、同業の店の名前を出すのもいいでしょう。

たとえば、スーパーに電話するのであれば、「イトーヨーカドーさんでも販売させてもらっています」、デパートに連絡するのであれば、「伊勢丹さんでも扱っていただいています」のように言うのです。

実際に出店していないのであれば、「イトーヨーカドーさんにも、ご連絡しました」「伊勢丹さんにもお話を聞いていただきました」などと言えばいいのです。

同業者の名前をさりげなく出すことで、安心して「話を聞いてみよう」という気になってもらえるのです。

そうして、担当の方と話ができたら、商談のためのアポイントを取ります。

すでにキッチンカーを出店させている軒先と、初めての軒先では話の進め方が異なりますが、どちらにしても大切なポイントが、「軒先側にメリットがある」と思ってもらうことです。

たとえば、

- **軒先の店頭の「にぎやかし」になる**
- **軒先の販促や集客のお手伝いができる**
- **軒先の利益が増える**
- **軒先でも販売している商品と被る場合も競い合うのではなく共存共栄できる**

などをアピールすることで、このキッチンカーを呼んでみたいと思ってもらいましょう。

また「商談をする」といっても、何を話したらいいかわからないという方もいますが、必ずお伝えすべきこと、そして必ずうかがうべきことは、次の8点です。

①販売商品、価格、写真
②キッチンカーのサイズ、種類、写真
③販売方法（たとえば、「幸せのメロンパン」なら、車内に積んだオーブンで発酵させて常時焼き続けて提供）
④出店形態（1週間に●曜日、月に2日、第3〇★曜日など）
⑤電源レンタルの有無、使用する危険物（プロパンガス、発電機など）
⑥車両設置位置、搬入搬出方法
⑦出店料金（場所代）、支払い方法
⑧出店に至る流れ、契約方法、スケジュールの連絡方法など

また、商談したその場で出店が決まることはあまりなく、すぐに決断されない場合も多いので、簡単な資料をお渡しするとよいでしょう。

ただし、個人事業主とお取引されない軒先もありますので、その場合は、「帳合」という、軒先を紹介してくれる業者さんにお願いするとよいでしょう。

ちなみに「帳合」の意味は、その業者さんの通帳を合する、一緒にしてもらうという意味だそうです。

ちなみにちなみに、「幸せのメロンパン」も「帳合」をやっておりますので、お困りの際はどうぞご連絡ください。

どんな販売場所も自ら、面白くしようと考える

キッチンカーを運営している人からよく聞くのが、「この現場よくないよね」「人通り少ないもんね」「流れ悪いよね」「面白くないよね」などという声です。

でも私は、こうした「誰が見てもいい環境だけを目指す」考えでは、これから生き残っていくキッチンカーにはなれないと考えます。

誰が見ても売れそうな環境とは、つまり、まわりがすでに盛り上げてくれている場所です。

もちろん「人通りが多くてお客さんがたくさんいる場所」に出店するのも大切です。

でもそうした場所は、ほかの誰もが出店したがる場所でもあります。

そんな場所に出せるよう、ただ順番を待っているだけでは、キッチンカーの運命を、人まかせにしていると言えます。

「人通りが少なくて、閑散としている場所」でも、グチを言うのではなく、自ら「楽しく盛り上がる場所にできないか?」と考えられる人が、どんな時代でも道を切り開いていけるのではないでしょうか。


たとえば、人の少ない場所に初めて出店したとします。

「誰も来ないな〜」「人いないな〜」と、ぼんやりしていると、キッチンカーからヒマそうな空気がただよいます。

するとお客さんにとっては、ますます近寄りがたい場所になってしまいます。

そんなとき「楽しく盛り上がる場所」にするためにはどうするか。

一度見たら、立ち止まらずにはいられないようなポップを描く。

思わず買ってみたくなる、声がけを考える。

絶えずオーブンを稼働させて、メロンパンの香りをただよわせることもできるでしょう。

私は以前、人がいない時間帯に、甲子園球場で旗を振る応援団のように、メロンパンののぼりを通りに向かって振りまくったことがあります。このとき、通りすがりのおじいさんになぜか感動され、「アフガニスタンに行って戦争を停めてきてくれ」と言われました（笑）。

もちろん、できることをやってみても、どうしても人が来ない現場だったら、「この場所はやめておこう」と、「ダメだったら移動できる」というキッチンカーの特権を使いましょう。

ただ、何もしないで環境だけのせいにするのはやめたほうがいいでしょう。

私は、スタッフから、「この時間帯は、売れませんでした」と報告されると、「で？」と問い返してしまいます。「で？」は私の口癖です。

また「人が少なかった」と言われるときも、同様に、「で？」と問います。

人が少なかった、売れなかったという事実を見て、「では、どうしようか」と自分で考えることがとても大切だと思っているからです。

商品を販売するだけではなく、幸せな価値を提供しよう

これからの時代は、「ただ自分たちが儲かればいい」「ただ食品を販売すればいい」というような考えのキッチンカーは淘汰されていくと思っています。

食品とともに、どんな価値を創造して、提供したいのか、どうやったらもっと喜んでいただけるのか？

そんなことを永久に考え続けるキッチンカーが、これから成功しないわけはありません。

付加価値の創造は、キッチンカーだけでなくすべての事業の目的だと思います。

商品そのものに喜ばれることを「プラスアルファ」すること。

「幸せのメロンパン」というネーミングも、単なるメロンパンに「幸せ」という響きをプラスアルファ。ご提供の方法も、「焼きたて」という喜びをプラスアルファ。さらに、エンターテイメント接客で、「追いかける」喜びをプラスアルファ……です。

どんな出店スケジュールだと喜ばれるのか？　どんなメニューが喜ばれるのか？どんなＳＮＳが喜ばれるのか？

「移動できる飲食店」に、どんな付加価値が創造できるのか？　「できたて・焼きたての提供」「動くエンターテインメント」「お買い物弱者や過疎地支援」。

智恵を振り絞って、アイデアを出してトライしていく。

お客さんだけでなく、「人や自分に喜んでもらうキャンペーン」もおすすめです。お金をかけないでアイデアを出す練習にもなります。

「言葉の贈り物」「笑顔」「自分が喜ぶ考え方」なんてのもいいですね。

相手に呼びかけるとき、「●●さん、お疲れさまです」のように、必ず名前を呼ぶのも、「喜んでもらうこと」です。

小さなことから周りの人に喜んでもらうことをしようとする。喜びエネルギーを循環させるキッチンカーが、これからの時代を生き残れるキッチンカーだと思います。

ただし、私は、「喜んでもらわなきゃ」と必死になっているわけではなく、また、形通りのおもてなしをしようとしているわけでもなく、恩着せがましく「喜ばせている」と思っているわけでもありません。

単にそうするのが好きなだけ、言い方を変えると自己満足なのかもしれません（笑）。

もし、そうするのが苦手な方でしたら、小さなことですが、相手に呼びかけるときに「〇〇さん、お疲れさまです」のように、必ず名前を呼ぶとか、何か指摘されたときでも「勉強になります、さすがです」と答えるなど小さな「喜んでもらうこと」を試してみてください。

きっと、楽しくなってきますよ。


こうして、小さなことからまわりの人をハッピーにする。

なんて豊かなのでしょう。

知らない間に、多くの人にハッピーを振りまいて、豊かさがあふれて、幸せの気持ちが循環する。

こうなると、キッチンカーは単なる移動食品販売車でなく、「動く『幸せな価値』の提供軍団」と化すでしょう
私は、そんなふうに考えているのです。

第5章

行列ができ続ける
エンターテインメント
接客術

「メロンパン大学」で接客術を伝授

私は、絵本の訪問販売をしていたときから、モノを売る、販売や営業という仕事に惚れ込んでいます。素晴らしいモノやサービスに出会うと、頼まれてもいないのにどうやって売ろうかと考えてしまいます。

どのくらい好きかというと、何かでストレスがたまったとき、ストレスを解消するためにモノを売りに行きたいくらい好きなのです。

この世には、たくさんの素晴らしいモノやサービスがあふれています。

でも、一つ一つのモノのよさを引き出せず、またうまく伝えることができずに、ほしいと思う人の手元に届かないのはとても残念なことです。

また、モノを買っていただくためには、その品物のよさだけではなく、売り手の発する言葉や行動など、たくさんの要素が関わってきます。

私は「モノを売る」という行為は、「美学」と呼べるほどに高めることができ、総合的なアートだと真剣に考えています。

加盟店さんに向けて毎月開催する「メロンパン大学」では、「売る美学」と呼んでいる法則を伝授しています。この章では「幸せのメロンパン」が実践している「エンターテインメント接客術」を紹介します。

幸せな気持ちになっていただくために

どれほど価値のある商品でも、お客さんが買うか買わないかは、その商品を「売っている人」次第。私はそう思っています。

メロンパンのような身近な食べ物は、家の近くだとか、ほかより安いだとか、利便性や価格が訴求ポイントとなるのは間違いないです。

でも、継続的に買っていただくとなると、たとえ安価なメロンパンでも、「人」が重要になってくるはずです。

「幸せのメロンパン」は、まさにその点に注力し、お客さんに喜んでいただくことを実践してきました。だからこそ、20年もの間、「追いかけてもらえるキッチンカー」であり続けられたのだと思います。

「幸せのメロンパン」の戦略の指針となっているのが、「幸せを感じることに特化した〝味〟と〝空間〟づくり」です。

「幸せのメロンパン」はこのように、進むべき方向が定まっているので、「お客さんに幸せな気持ちになっていただく」ことに、スタッフ一丸となって取り組めています。


メロンパンが美味しいのは大前提ですが、美味しさだけでなく、「何だかわからないけど幸せ♪」と感じていただく瞬間を、お客さんにお届けしています。

買い物を通じて、お客さんの心が少しでも軽くなるように、「今日も楽しかった。明日も楽しいかも♪」と思えるような、未来への希望をお渡しするつもりで接客をしています。


キッチンカーは単なる移動販売の手段ではありません。

「動くエンターテインメント」です。

そして、「幸せのメロンパン」は、スタッフひとりひとりが「セールスエンターテイナー」なのです。

※「セールスエンターテイナー」は、販売員を意味する、私が造った言葉です。

ミュージカルを演じるつもりで

「セールスエンターテイナー」は「ミュージカル・セールス」でお客さんに楽しんでいただきます。

「ミュージカル・セールス」は、私の考案した「売る美学」に基づいた、「売る――買う」という芸術を完成させる重要な過程の一つです。

ただ商品の説明をするだけではなく、ときには熱く、ときには面白く、まるでミュージカルのようにモノやサービスの魅力を伝えます。

公演時間が2時間にも及ぶ舞台のミュージカルとは違い、お店で買い物をする時間は、長くても数十分。メロンパンなら数分もかかりません。

その短い時間に、「クスッ」と笑ったり、ちょっとした感動をお客さんに味わっていただきたい。「来てよかった」「買ってよかった」と明るい気持ちで帰っていただきたいのです。

「幸せのメロンパン」のスタッフは、舞台に立つ俳優さんのように、セールスエンターテイナーとして役を演じます。

何度もリハーサルを繰り返し、練習し、セリフをしっかりと自分のものにしてからキッチンカーというステージに向かいます。

そして、「メロンパンのミュージカル」の舞台上では、一言一句、感情を込めてお話をするのです。

メロンパンをほかの商品に置き換えてみても、文房具でも家具でも、何でも同じですよ。

「ボールペンのミュージカルを演じる」「ソファのミュージカルを演じる」

スタッフがこのような意識を持ってお客さんと接していれば、売場は瞬く間に「ミュージカル・セールス」の舞台に変わります。

「ミュージカル・セールス」の台本作り

売場という舞台に立つには、ある程度、台本が必要です。

たとえば、「幸せのメロンパン」の人気商品「まるごとラスク」の台本には、こんな感じのセリフが並びます。

「こんにちは！　こちら、メロンパンをラスクにしたんですよ！」

「フランスパンのラスクじゃなくて、メロンパンを皮までラスクにしているので、口の中で溶けるような食感なんです」

「定番がシュガーバター味と塩バター味。ほかにもおすすめは、失恋味と貴婦人味です。あとね、お酒のアテには黒コショウ・ガーリックやパルメザンチーズ！　もう飲みすぎちゃうんですよ！　ビール3本はいけちゃいます！」

商品を説明しているだけのようですが、実はいろんな「ミュージカル・セールス」のポイントが、一つ一つのセリフにちりばめられています。

「ミュージカル・セールス」の台本を作るときには、商品の特徴やこだわり、開発に至るまでの背景などをしっかりと把握しておきます。

「まるごとラスク」の場合は、
「〝メロンパンをラスクにした〟んですよ！」
「メロンパンを〝皮までラスク〟にしている」
の部分が特徴にあたります。

一般的にラスクは、フランスパンの生地で作られています。

「まるごとラスク」は、メロンパンをそのまま焼き上げてラスクにしています。しかも、クッキー生地の皮の部分まで。だから〝まるごと〟なんです。

ほかにはない商品の特徴を、スタッフが自信を持って説明すると、お客さんは「え、美味しそう！　あの皮がラスクなんて」と関心を持ってくださいます。

次に、味の紹介をするとき。

「シュガーバター味と塩バター味。ほかにもおすすめは、失恋味と貴婦人味です」

ここに出てくる「失恋味」と「貴婦人味」ですが、正式名称は「失恋ショコラ味」と「貴婦人のミルクティー味」です。そこを、あえて、「失恋味」「貴婦人味」としているのは、「え、それ何？　どんな味がするの？」と、お客さんの好奇心をくすぐるためです。

このあとに、

「お酒のアテには黒コショウ・ガーリックやパルメザンチーズ！　もう飲みすぎちゃうんですよ！　ビール3本はいけちゃいます！」

と続けると、みなさん決まって笑ってくださいます。

喜んでいただくために「どう伝えるか」

側にいて話を聞いてあげる。プレゼントをあげる。人を喜ばせるためにできることはたくさんあると思います。

相手に何かを伝えるとき、言葉に工夫を凝らすのも「相手を喜ばせたい」という想いの表れですよね。

「どれにしようかな、何買おうかな」とキッチンカーの前でつぶやいた瞬間に、「迷ったときは全部買うのがおすすめです」と、お店のスタッフから茶目っ気たっぷりに声をかけられたら、あなたは思わずクスッとして、幸せな気持ちになるはずです。

仕事帰りなら、

「今日も一日、お疲れさまでした！」
「すてきな夜を！」
という一言一言が、その日のイヤな出来事を忘れさせてくれるかもしれません。

言葉にはパワーがあります。そして、セールスエンターテイナーは、お客さんに言葉の贈り物をするのが仕事です。

ただし、やみくもに話しかければいいというわけではありません。バスの時間が迫っているお客さんに、ゆっくり商品の説明をしたらイラッとされますよね。

相手が何を望んでいるのか、読み取れるようになるには、とにかくお客さんをしっかりと観察する訓練を続けていただきたいです。

相手に喜んでもらえて、自分も幸せになる。
それがエンターテインメント接客なのです。

「いらっしゃいませ」「ご覧くださいませ」は禁句

ファッションビルなどで、「いらっしゃいませ～」「どうぞご覧くださいませ～」と機械的に繰り返す店員さんを見かけると、「同じセリフの反復なら、録音した音声と変わらないのでは？」と思ってしまいます。もはやＢＧＭになっていますよね。耳に入っても、印象には残らない。

「幸せのメロンパン」では、このどちらも使いません。

「焼き上がりました！」の一言だけで、お客さんに立ち止まっていただきます。

「焼きたて」はとても魅惑的なワードです。人の脳には、「できたては美味しい」とすり込まれているのでしょう。道行く人たちは一様に、「今、焼けたの？」「何が焼き上がったんだろう？」と振り返ります。

とあるイベント会場で、私自身がお客さんとしてこんな経験をしたことがあります。

フライドポテトが食べたくて、キッチンカーの列に並んでいると、

「めちゃくちゃ美味しい唐揚げです。どれだけ美味しいかというと、夢にまで出てきちゃうくらいの唐揚げです！」

と、食指が動く誘い文句が……。思わず私はその場を離れ、唐揚げの列に並び替えました（笑）。

「幸せのメロンパン」では、「いらっしゃいませ」の代わりに、「こんにちは」「こんばんは」と挨拶をします。

仕事帰りの人が増えてくる夕方以降は、お客さんの様子を見ながら「お疲れさま

でした」とお声がけします。

「お仕事お疲れさまでした。今日は誘惑に負けちゃって大丈夫です」

「自分を甘やかしてください」

などユーモアを交えながら接客をします。

「お客さんに幸せな気持ちになっていただく」ことさえ忘れなければ、声かけの中身はスタッフ次第。

ガチガチにマニュアル化するより、ひとりひとりにまかせたほうが、機械的ではなく、心のこもった言葉を贈ることができると思うのです。

短い時間で笑ってもらえるのはなぜ？

フレンドリーな接客といっても、お客さんとのほどよい距離感は大切にしたいと思っています。ミュージカル・セールスは、長々とおしゃべりをしたり、雑談したりすることではない、というのが私の考えです。

「メロンパンのミュージカル」で、非日常な体験をしていただくために、たとえば、初めてのお客さんには、商品をお渡しするときに、

「来週、また感想を言いに来てくださいね、4文字で」とお伝えしたりします。

「4文字？　え、何……？　あ〝美味しい〟か」

キョトンとした表情は、一瞬にして笑顔に変わります。

お客さんをお待たせするときの神フレーズ、
「やりましたね、あと5分で焼き上がりです！」については、第1章でお話ししましたよね。ほとんどのお客さんが、「やった！」「待ちます」と喜んでくださいます。

キッチンカーの前に長い行列ができたときは、
「並んでいる間に、『まるごとラスク』の誘惑に負けていただくシステムになっております」と言いながら誘導すると、みなさんニッコリ。そして、車に沿って行儀よく並んでくださいます。

「どんな状況でも楽しんでいただく」のが私たちのモットー。だから、「一言の声かけでも、お客さまに楽しんでいただこう！」と、いつもみんなで努めています。

ミュージカル俳優のように、毎日、口にするセリフだからこそ、1回1回、心を込めて言葉にしています。

そうした積み重ねがあるからこそ、短い言葉のやりとりでも、「今日、一番笑った」「カラオケに行くより楽しかった」などと言っていただけるのでしょう。

「楽しそう」がお客さんを惹きつける

「楽しそうなオーラ」を放っている売場は、売り上げがよいです。

「オーラ」と言うと、何やらスピリチュアルめいていて、「目に見えないものが、集客に関係するのか？」と怪訝な顔をされる方がいらっしゃいます。

でも、「お店に入ったらなんだかイヤな気がして、すぐに出てきた」といった経験は、少なからず誰にでもあると思うのです。

その逆もあるでしょう。なんとなく雰囲気がよくて、思わず足を踏み入れたくなる店。楽しそうなオーラを放っているお店ですね。

私はよく、スタッフたちに言っています。

「ボーッとしてたら、ボーッとしたお店になるし、『ヒマだな』と思えば、ヒマなお店になるよ」

と。

働く人の〝気〟がお店にただよい、オーラとなって雰囲気を決めてしまうのだと思います。

舞台に立つ俳優さんたちは、観客が少ないからといって手を抜いたりしませんよね。

「今日もみんなを楽しませよう」というプロ意識が、プラスのオーラとなって劇場を包み込むのだと思うのです。

お店も同じで、そこで働く人の気持ち次第。

「幸せを届けるんだ」

「今日もここを、楽しくするぞ」

「たくさん喜びを届ける」

「ここに笑いの渦を起こすぞ」

とスタッフが仕事に前向きに取り組めば、売場の雰囲気は確実に変わります。

でも、やはりヒマなときに、「売れて売れて、忙しくて、今日も楽しい」というオーラを出すのは、なかなか難しい。

そこで、ヒマなときこそ「ひたすら動く」ことをおすすめしています。

そして、疲れたら、休憩してリフレッシュ。元気を取り戻してから売場に立つようすすめます。

「忙しくて、楽しい」オーラは、必ずしも忙しくなって出るものではなくて、たとえヒマなときでも体を動かし、「忙しい」空気を醸し出せば、お客さんに伝わります。

お店のディスプレイを変えたり、新しいメロンパンの味を考えたりしていると、楽しくなってきますよね。すると、「忙しくて、楽しい」に引き寄せられて、お客さんが集まってくるのだと思うのです。

だからどんな状況であれ、まずは動いて楽しんじゃいましょう！

お店にはお気に入りの服で

「仕事のときは、絶対にオシャレして！」とみんなに伝えています。

だって、「幸せのメロンパン」のスタッフは「ミュージカル・セールス」という舞台で、ショーをしているのですから。

極端な言い方をすると、ボロボロのスウェットの上下を着ているのと、鮮やかなカラーのワンピースを着ているのとでは、お客さんに与える印象は絶対に違ってくると思うのです。

食品を取り扱う仕事場では、「汚れるから」と作業着のような服が選ばれがちですよね。

1日のもっとも長い時間をキッチンカーの中で過ごす。セールスエンターテイナーであるスタッフには、「長時間にわたって自分の魅力を発揮する場だからこそ、自分が一番好きな服を」とすすめています。

「幸せのメロンパン」には決まったユニフォームはないし、エプロンも自分の好きなものを身につけてもらいます。もちろん、動きにくかったり、肌の露出度が高い服は、オーブンなどの機器を扱う際に危険なのでNGですよ。

でも、「汚れてもいいようなトレーナーとジャージ」ではなくて、「安全で、自分の好きな服」を選んでほしいのです。ちょっと奮発して買った「オシャレ着」をまとって、キッチンカーに乗り込んでほしいと思っています。

デート用の勝負服、結婚式用に買ったお呼ばれ服。ほとんど袖を通さないままクローゼットに眠っている服があれば、ぜひ「ミュージカル・セールス」の舞台で着てほしい。

人からどう見られているかなんて実はどうでもよくて、「自分はかっこいい」「今日の私は可愛い」と思って仕事をするだけで、自然とエネルギーが湧き出てくるもの。

そのエネルギーは目には見えなくても、必ずお客さんには伝わります。

自分の好きな服を着ていると、テンションが上がりますし、自信に満ちあふれたエンターテイナーに、きっとお客さんは好感を抱いてくださるでしょう。

モノ、サービスを拡散するアーティストに

「販売」という言葉の意味を、文字どおり、「お金をやりとりし、モノを受け渡す行為」と捉えている人が、残念ながら少なくないように思います。

「ほかにできることがないから、販売の仕事をしています」「やることないから販売業でもやろうかな」など、ご自身の仕事を卑下して使う人もいますよね。

「幸せのメロンパン」をお手伝いしてくださる方の中にも、たまにそんな方がいて、私はまず、販売という仕事の素晴らしさについて30分ほどお話をするようにしています。

「お金をもらって、モノを渡すのが販売じゃない。それってレジ係だから」

「販売とは、『商品のよさを伝えて買っていただくこと』。何もしなくても売れるなんてことは絶対になくて、お客さんに買っていただくよう、私たちが工夫したり努力したりする、すごい仕事」

「買い物をするお客さんに、楽しいエンターテインメントの時間を与えられたら最高でしょう」

「販売職は、モノのよさを見つけ、拡散していく素晴らしい仕事。いわばアーティストだよ」


このような話をすると、「自分は何もできない」とこぼしていた人たちが目を輝かせて接客をするようになるのです。

私はそんな瞬間を見るのが大好きです。

そして、この本を読んでいただいている販売業の方々にも、改めて販売という仕事に誇りを感じ、楽しくお仕事をしていただけたらな、と思っています。

この本との出会いが「たまたまの奇跡」になりますように

メロンパンは、バゲットなどとは違い、日本発祥のパンです。

そして今では、海外の人たちにも、「信じられないくらい、美味しいパン！」として大人気だそう。

だから私は、食べた瞬間に幸せになれる「幸せのメロンパン」を、動くエンターテインメント「キッチンカー」という素晴らしいツールとともに世界に広げ、世界中にハッピーを届けたいなんて大きな野望を持ったりしています。


家の近所にゲリラ的に売りに来ていた焼きたてのメロンパンに感動していたころ、私が「メロンパン店の社長」になるなんて、夢にも思っていませんでした。

しかも20年も続いて!!

今やそんな大きな野望まで持っているなんて!!

人生はわかりませんね（笑）。

この本を読んで、

「メロンパンって」「キッチンカーって」「販売って」「なかなか奥が深いのね」

そう思っていただいた方、ありがとうございます。


いやーほんとに奥が深いです。というか、オタク的に自ら奥を深掘りしたのだと思います。


その結果、新たな価値が創造されて、単なるメロンパン、単なる移動販売車、単なる販売業じゃなくなって、非常に面白くなりました。

明るくしつこく深掘りしたいろいろを書きました。

たまたま読んでくださったあなたの、ビジネスや人生の価値の創造のヒントになったら、めちゃくちゃうれしいです。

『キッチンカーオーナー』になるなんて思ってもみませんでした」という方がいらしたら、最高です。

この本との出会いがあなたの「たまたまの奇跡」になりますように。

「幸せのメロンパン」では「幸せのメロンパン」を広める仲間を増やし、みんなで「ハッピーハッピー」な日本、そして世界を共創していきたいと思っています。

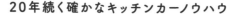

著 者
阪田 紫帆里（さかた・しほり）

株式会社エイト　代表取締役
2003年にキッチンカー「幸せのメロンパンHAPPy HAPPy」を立ち上げる。メロンパンキッチンカービジネスの先駆者としてブームを巻き起こし、以来20年以上「幸せのメロンパン」を売り続けている。2022年までに販売したメロンパンの数は1億個以上。2015年には「上司の話は聞きたくない」と名付けた「シュークリームメロンパン」がSNSで話題に。愛され続ける異例のキッチンカーとして、マスコミ、TVでも多数取り上げられている。
「幸せのメロンパン」を全国に広めるためフランチャイズ展開も行い、楽しく売り続ける方法を加盟店に教える「メロンパン大学」を毎月開講。月商が1年目から300万円を超える加盟店もある。
「毎日着る仕事着こそ、お気に入りの洋服でおしゃれして！」をモットーとするほど、大の洋服好きとしても知られている。

幸せメロンパン起業
キッチンカーで20年売れ続ける秘密

2023年1月18日　第1刷発行

著 者　阪田紫帆里

発行者　杉浦秀光

発 行　信長出版
〒160-0022
東京都新宿区新宿7丁目26-7 ピクセル新宿1階
info@office-nobunaga.com

発 売　サンクチュアリ出版
〒113-0023
東京都文京区向丘2-14-9
TEL 03-5834-2507

装 丁　小口翔平＋青山風音＋畑中 茜（tobufune）

印刷・製本　株式会社光邦

ISBN978-4-8014-8106-0　Printed in Japan